U0011390

地理課沒教的事4

Google Earth 全功能實作【Level Up版】

廖振順 著

推薦序

教育先行者，生活藝術家

新北市立新北高級中學教師兼總務主任　柯秉劭

公暇之餘，接到出版社編輯打來的電話，希望能幫廖老師寫一篇推薦文，心中感到十分榮幸，卻不知如何下筆。

記憶彷彿時光倒流，回到二十八年前高二升高三的暑假，廖老師臨時來我們班級代暑輔的地理課，第一堂課就被他主題式跨冊統整的教法給懾服，全班馬上被圈粉。後來，每一堂地理課都是同學最期盼的課程，教學精湛，深入淺出，口訣隨附，以及信手拈來的笑話，可謂寓教於樂。換句話說，廖老師算是一位被教育所耽誤的脫口秀演員——教育界的曾博恩。

開學前，全班做了一個大膽的決定，連署簽名要換地理老師！

沒錯，在當時保守的年代，掀起不小的漣漪，而且竟然更換成功，果然私校充滿彈性。但現在回頭想想，不知當時此舉是否有帶給老師困擾？

畢業後面臨失業，從事私人工作一段時間，考了幾次國考，人生的不順遂，兜了一大圈，竟也步上老師的後塵，在杏壇任重道遠數十載。拜臉書大神之賜，又牽起我和老師間奇妙的師徒緣分，擔任社會科科召時，多次邀請老師蒞校開研習，演講的主題多元而豐富，諸如：「衛星、空拍、AR與藍圖」、「教育這種病」、「地理課沒教的事：用 Google Earth 大開眼界」等，可謂場場爆滿，毫無冷場。值得一提的是，追蹤老師的臉書，幾乎每週都會分享新內容，有讀書心得、國際分析，以及居家品味，老師本人就像一本讀不完的書，值得細讀及品味。

老師退休前的專業涵養，累積的人生智慧，屢屢在我教學面臨瓶頸時充滿啟發，亦督促後輩善用科技進行教學研發（收錄在《地理課沒教的事：用 Google Earth 大開眼界》、《地理課沒教的事2：用 Google Earth 穿越古今》、《地理課沒教的事3：看見地球的變動》），傳授班級經營的小撇步（收錄在《教育這種病》），受益良多。

二〇二〇防疫年，除了在家幫忙家務、追劇外，亦能善用時間多讀書、讀好書，薄積厚發，學以致用，方能一發即中，廖老師的新作將是不錯的選擇，又可大飽眼福了！

推薦序

讓地圖活過來，訴說地球故事

文化大學理學院院長　盧光輝

地圖即故事，地圖即生命。地圖的力量能迷惑、能振奮、能煽動、能無聲傳遞迷人的故事，講述我們曾經經歷和即將前往之處。作者廖振順老師以其獨特的眼界，解說地圖如何表達、又如何巧妙在時間長流中重塑歷史。地圖不僅是用來觀察周遭世界的跳板，還反映出更具定位的自己。

教學視聽硬體設備，配合適當的軟體，能讓學生在課室中，藉由多媒體融入引領下，突破時間和空間的藩籬，跳脫平面的課本與文字，以更多元的感官刺激吸收知識，進行學習。Google Earth 是一般大眾較常接觸到的地理資訊軟體，操作相當容易。自推出後，觀看這個世界的方法又進展了一大步。善用 Google Earth 整合教學資源，不僅可以使教學更具有系統性，還能取代傳統的紙本地圖，讓原本在紙本上的地圖活了過來，隨著教師的劇本訴說更多地球的故事。

這本好書，作者將鑽研多年的 Google Earth 操作實務，莫不藏私地全面公開，結合地圖與歷史進行演示與解說，並搭配實際操作影片，讓讀者能用不同的角度看地球，並實際練習及使用 Google Earth，創造自己的地圖故事。

誠心大力推薦！

作者序

用 Google Earth 輕鬆進入虛擬的真實世界

八歲那一年，我跑去學校隔壁剛蓋好的國父紀念館參觀，沒想到要回家時，怎麼也找不到大門，因為當年沒人見過這種大門在二樓的建築物，見識不多的大腦，固執地設定大門必然在一樓。腦袋怎麼想，內心建構的心靈地圖就怎麼畫，心靈地圖裡的大門在一樓，雙腳就怎麼也不會走到二樓，認知不到位，永遠都走不出限制，也永遠看不到更寬廣的世界。

心靈地圖是美國心理學家斯科特．派克（Scott Peck）的說法。什麼是心靈地圖呢？派克說，每個人都是根據童年的一連串經歷，逐漸形成一張具有自我獨特視角的心靈地圖，並靠著這張地圖棲息在這個世界上。這張地圖在童年的環境中或許適用，然而，當我們進入到更廣闊的世界後，如果繼續沿用這張老地圖就會走錯路，所以我們要及時修正自己的心靈地圖。

心靈地圖能建構我們的部分意識，什麼是意識呢？泰格馬克（Max Tegmark）在《Life 3.0：人工智慧時代，人類的蛻變與重生》（*Life 3.0: Being Human in the Age of Artificial Intelligence*）提出：意識，就是主觀體驗。因此，不是宇宙賦予生命意義，而是我們這些有意識的生命給了宇宙意義。總體來說，所有效率最終歸結於目的，所有目的最終歸結於價值觀，所有價值觀最終歸結於感情，而所有感情最終歸結於意識。人類擁有了意識，這個世界才有好壞，才有幸福，也才有了意義。

二〇二〇年，全球面臨疫情危機，在艱困的環境中，科技恰恰展現出應對疫情的能力，微軟大中華區董事長柯睿杰（Alain Crozier）舉例，在中國的夥伴以 Power BI（為數據分析而生的軟體工具）為基礎開發出疫情數據分析平臺與決策平臺，讓主管單位迅速了解疫情走勢。數位科技正悄悄融入我們的真實生活，智慧雲和智慧邊緣等技術正在推動整個社會的數位轉型，當運算無所不在時，我們能夠從海量數據中提煉出智慧，無論是醫療、零售，還是教育產業，AI都能為各行各業帶來改變。

每家公司未來都會是科技公司，需要的人才都必須具備科技基礎認知，人才教育單位則需要有所思考與回應。地理教育能協助人們宏觀地了解全球，宏觀思維是一種上層思考，這樣的思維方向更容易看到「因」，才能在事情未發之前解決未來會發生的問題。凡人怕果，菩薩畏因，《黃帝內經》有句話叫「上工治未病」，意思是說最好的醫生在病症發作前就把病治好了，也就是說，你根本不會生病。美國每年投入醫保的花費占了GDP的二〇%，但美國人民的健康水準，在已開發國家中的排名卻不好看。相比之下，挪威也是把GDP的二〇%投入醫保，但挪威人民的健康水準卻是全世界之最。為什麼呢？因為挪威治的就是未病，把較多資源投入到醫療的前期、教育的前端，而美國則是專注在疾病的後端。

孩童的圖書多以圖畫書為主，一方面因為小孩識字量少，另一方面則是透過圖像式思考有助於縝密的圖像邏輯鍛鍊，以及觀察、思考能力的培養。從二〇〇七年開始，我不曾間斷地運用 Google Earth 為平臺說地理、說新聞、說故事，十多年下來，不知不覺製作了一百多支影片。若能將多年製作教材的心得撰寫成書，我想不但對地理教育的耕耘能做出微薄貢獻，也可以幫助現今各類型網紅在製作影片時，能更清楚、生動地加入「在哪裡」的表達方式，無論是旅遊網紅、社會新聞網紅、國際戰略網紅，任何發生在地表上的主題，總會有個地點或區位需要標示出來，若是忽略了把地點用適當方式表達清楚，雖然自己很清楚說的是哪裡，可是閱聽大眾的思路未必能置身於網紅描述的情境中。

除了登月以外，所有人類足跡都是在地球表面的舞臺上，而 Google Earth 把整顆地球的衛星影像都呈現出來，自此，看待世界的視角有如上帝。當人的視野寬廣了，胸懷也會跟著開闊，面對現今多元、多變的世界，更需要這種宏觀、多角度的觀察。

本書從 Google Earth 的基本設定說起，逐步分享應用的方式與技巧，再談到各種精彩的實用地圖，以及我的心得分享，希望讓更多的讀者、老師、網紅都能輕易進入虛擬的真實世界。

目次

第三章

點資料的應用

第四章

線資料的應用

第五章

面資料的應用

第六章 圖像疊加

第九章

如何探索研究這個世界？

第一章

從壁畫到手機——你不知道的地圖

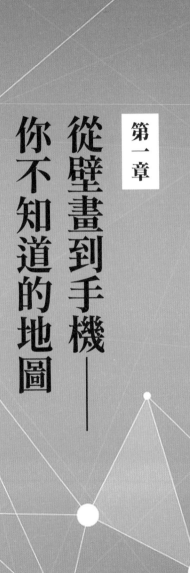

我是誰？我在哪？

想像一下，身處在一片廣域的森林之中，頭上有顆皎潔的月亮，而銀色月光為你照亮了前進的道路，你感到環境在有限度的可控範圍內，因此內心的安寧讓你謹慎前行。忽然，一大片烏雲遮住了月光，大地瞬間進入無盡的混沌黑暗，此時此刻，你的基因會喚起古老原始且深沉的恐懼。

搞清楚自己在哪裡？到底是在自己所認知的世界的哪個位置？這是每個人最基本的生存技能。若是現在忽然說不清楚自己在哪，一定會立刻陷入恐慌。為此，人類和大多數物種建立了專門的大腦區域，負責創建對周邊環境的認知地圖。所有物種當中最獨特的就是人類，我們總是試圖與他人交流對這個世界的理解，這種溝通的欲望與能力，是智人祖先們能在數萬年前打敗體型更大、肌肉更發達的其他人類物種（例如尼安德塔人）的關鍵原因。智人仰賴比其他物種更為複雜的語言，部分智人甚至發展出文字，這些語言與文字讓智人具有說故事的超凡特長，從部落、王國、帝國到紙幣等神奇故事，得以不斷地疊加昇華。

在說故事的載體中，地圖是不可或缺的項目，人類的歷史長河包含著悠久的繪製地圖，目前發現最早的地圖版本，是一萬四千年前古人類在洞穴牆壁上的塗寫。後來會把地圖繪製在石碑、泥板、草紙、羊皮紙上，甚至還有以綁在一起的樹枝來展示島嶼相對位置的地圖，科技發展到現在，在手機、平板等移動設備裡出現的地圖，早已成為日常生活中使用地圖的主要方式。

地圖是認知的投射

無論是古代的地圖，還是現代高精密度的地圖，都是對世界的抽象呈現，但我們在下意識裡會輕易相信那些地圖是對真實世界的精確再現，甚至認為那就是世界本身。繪製地圖時，對世界的認知觀念會以地圖的邏輯型態展現出來。例如在中國，皇帝住在北部，無論在全年中的任何時段，太陽都偏在皇帝住所的南方，考慮到陽光必須能最大化地直射大殿，建造皇宮時必然選擇坐北朝南，而且寶座上皇帝的目光很自然地看向南方（南面為王），所以繪製地圖時一直把北方設定為上方。

古埃及人認為世界之巔是東方日出的位置，因而埃及的地圖中可看到以東方做為頂部。早期伊斯蘭教的地圖顯示南方為頂部，由於早期的穆斯林文化大多位於麥加北部，自然認為南方為尊貴之地，因而讓南方位在地圖上方。反過來說，人們觀看地圖的同時，也會受到地圖的影響而塑造觀念，例如，十九世紀的美洲拓荒者相信北美洲中部存在一個乾旱的「美洲大沙漠」，並在地圖上明確標示出來，而這又讓更多人相信就是事實，有些人甚至在出發前預先準備好駱駝，然而實際上，那是一片肥沃的美國中西部大平原。

越南國家歷史博物館中，有一幅越南人在清朝康熙年間畫的《外國圖》。圖的核心位置是「中國」，周邊圍繞著一圈前來朝貢的外藩，但圖裡的「中國」不是北邊的大清，而是越南。越南怎麼會自稱為中國呢？因為他們認定滿族是「蠻夷」，但「蠻夷」卻占領了中原地區，那可是儒教文明在地理上的中心呀！面對這樣的困境，越南想出一個新策略——不看地理，只看文明，誰能保持儒家文明，誰就是中國。於是在這種認知投射下，越南就會繪製在

《外國圖》中心，而且叫做中國。

無優質地圖有如摸黑打仗

玩過戰略遊戲的朋友應該很清楚，遊戲開局的首要行動就是派出偵察隊，打開四周的黑暗世界，展開周遭的地圖，並且確認敵軍位置。等到自己實力足夠強大時，更要摸清楚敵軍周圍的環境與布置，以便制定作戰戰術。在真實世界中，若是在陌生地區作戰，指揮官手邊又缺乏精確的地圖，會有如拿著哈哈鏡或毛玻璃看戰場，在這種狀況下制訂作戰計畫，真的是需要極大的勇氣和膽量。二戰時，坐在作戰室的軍官們常常根據地圖確定作戰的行軍計畫，在很多實際案例中，地圖上看似很近，只不過是座小山頭，但在現實裡，前進路線可能是一片坡度均勻的山坡，意味著在抵達山頭前，足以讓敵人充分發揮火力，結果將會是全軍慘重傷亡。

擴張領土，地圖先行

日本透過明治維新改變國家體質，當國力富強後，漸漸有向外擴張的野心，有著大國崛起之勢，想要從「日本」變成「帝國日本」時，擴張野心的行動必然會與他國產生衝突，談

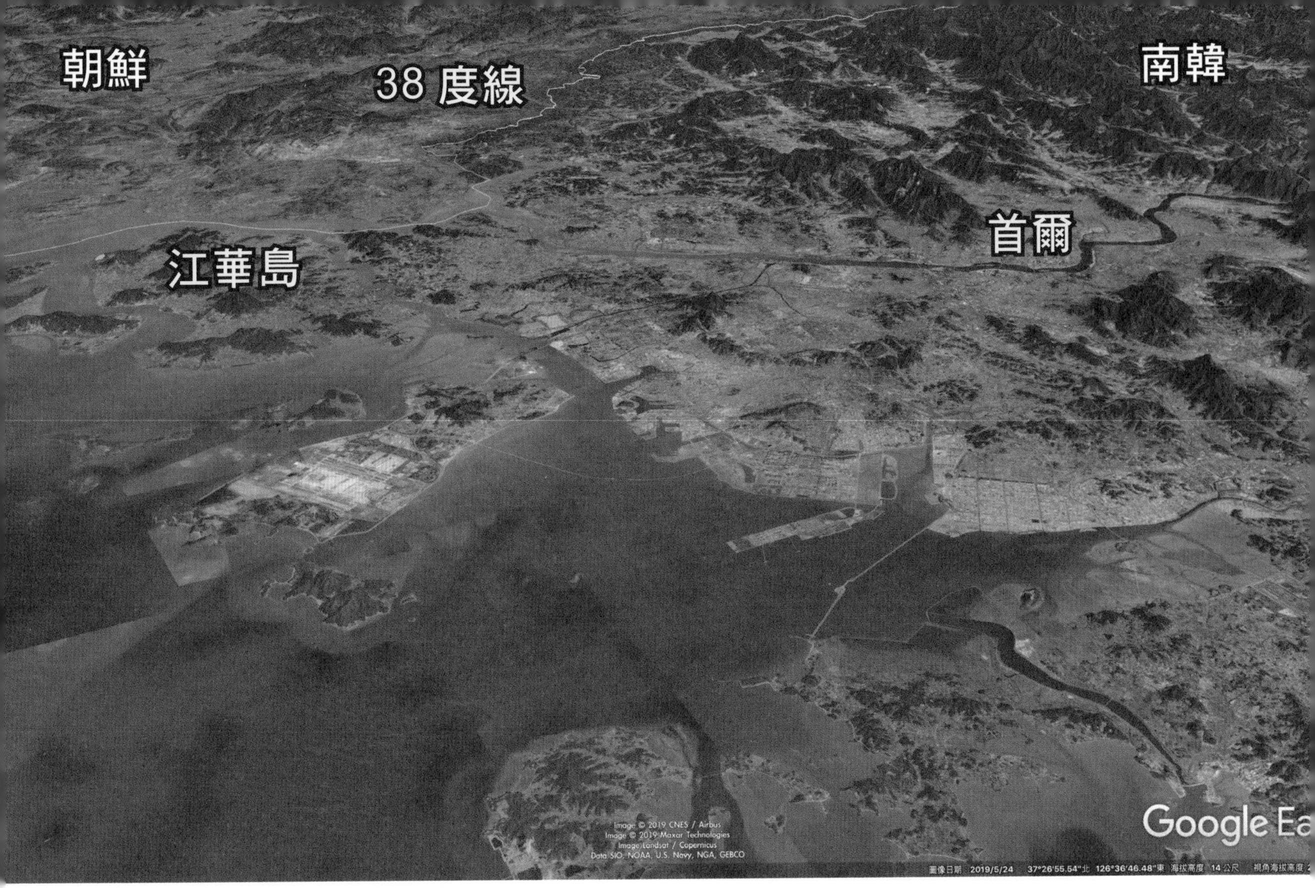

圖 1-1　日本為加快打開朝鮮國門，便模仿歐美國家的「炮艦外交」，終於引發「江華島事件」。事件之後，日本以武力為後盾，強迫朝鮮開放門戶，進而積極繪製朝鮮地圖，為後續的攻擊做準備

判便隨之而來，過程中還有一個與未來軍事相關的重要行動，就是為地圖測量人員鋪路。例如一八七五年，日方所稱的「江華島事件（韓方稱雲揚號事件）」，透過談判，日方要求朝鮮必須允許日本使節有自由「旅行」的權利，此後使節人員徒步或乘轎，運用羅盤確定行進方向的變化，利用懷錶記錄行進時間，再轉換為距離，例如以轎子為測量依據，就是一小時行進五千零四十公尺，馬車則是一小時前行六千公尺，就這樣一點一

滴繪出地圖，用這種方式繪製的地圖稱之為「路上圖」。日本以這樣的「旅行」持續到一八九一年，幾乎測量了整座朝鮮半島。我們可以想像，當時的日本使節人員為了繪製地圖，盡可能走遍朝鮮各地，付出的心血相當巨大，有時甚至會付出生命。當然朝鮮在同一時間也是想方設法讓日方無法輕易得逞，每次接待日方使節都會盡量挑些難走的崎嶇道路，或是故意繞路來造成困惑，不過隨著長時間反覆記錄所累積的資料，以日方在當時的技術能力來說，還是能慢慢繪出足夠「堪用」的地圖。

為了擁有臺灣卯足全力測繪

一八九四年，甲午戰爭爆發；一八九五年四月，大清簽訂《馬關條約》，將臺灣割讓給日本，日本立即在同年四月派遣測量隊到臺灣，隔年八月就完成地圖測繪並回到日本。這批測量人員完成臺灣全域比例尺五萬分之一的地圖，以及主要地區的兩萬分之一地圖，當時的速度快到令人驚訝，日本地理學者小林茂表示這是因為測量時不像在朝鮮遭到大範圍居民反抗，另外投入了大量測量要員也是主因。不過日本人繪製的地圖為何稱為《臺灣堡圖》呢？因為測繪時是以劉銘傳的清丈區域為準。劉銘傳著手進行土地清丈時，「堡」是清代曾文溪以北與宜蘭地區的地方行政區域名稱，據此，劉銘傳將堡內各庄的相對位置及地籍資料繪製成圖。因此，日本依據堡圖測繪臺灣全圖，是初期CP值最高的合理做法，再加上當時三角與高程測量，這就是可以驚人快速完成的另一個原因。

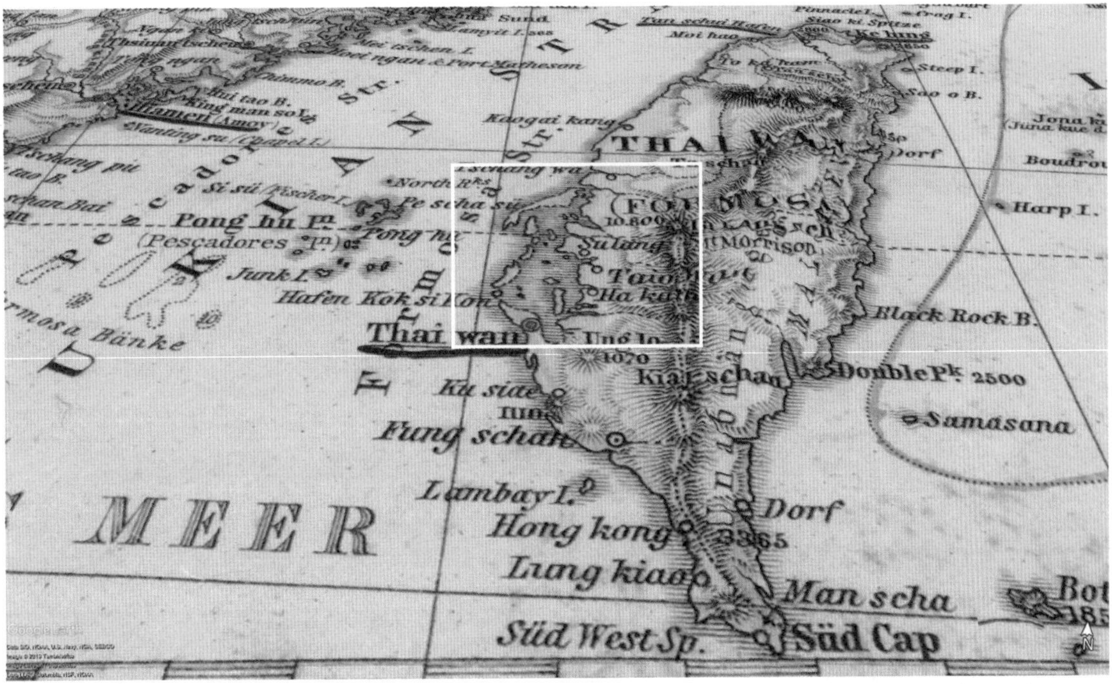

圖 1-2　臺江內海在德國一八七五年出版的東亞地圖上的面貌，白色方框為圖 1-3 範圍

看見世間的改變

繪製地圖時，可以說是製圖者將當下所認知的世界，以當時的最佳技術來準確記錄，這些古地圖詳實記錄了當時的人文和自然景觀，具備獨一無二的價值，將這些古地圖與現有 Google Maps 提供的衛星影像疊合，從疊圖的差異處可以看到聚落的變化、河道的改變、湖泊的消長、海岸的變遷等，對環境變遷的研究、都市化進程的分析，都能提供核心的價值。

將一張德國在一八七五年出版的東亞地圖，疊圖在現今的衛星影像上，透過上下比對，可以輕易地看出自然環境與人文環境的變化。圖 1-3 A 處非常有可能是

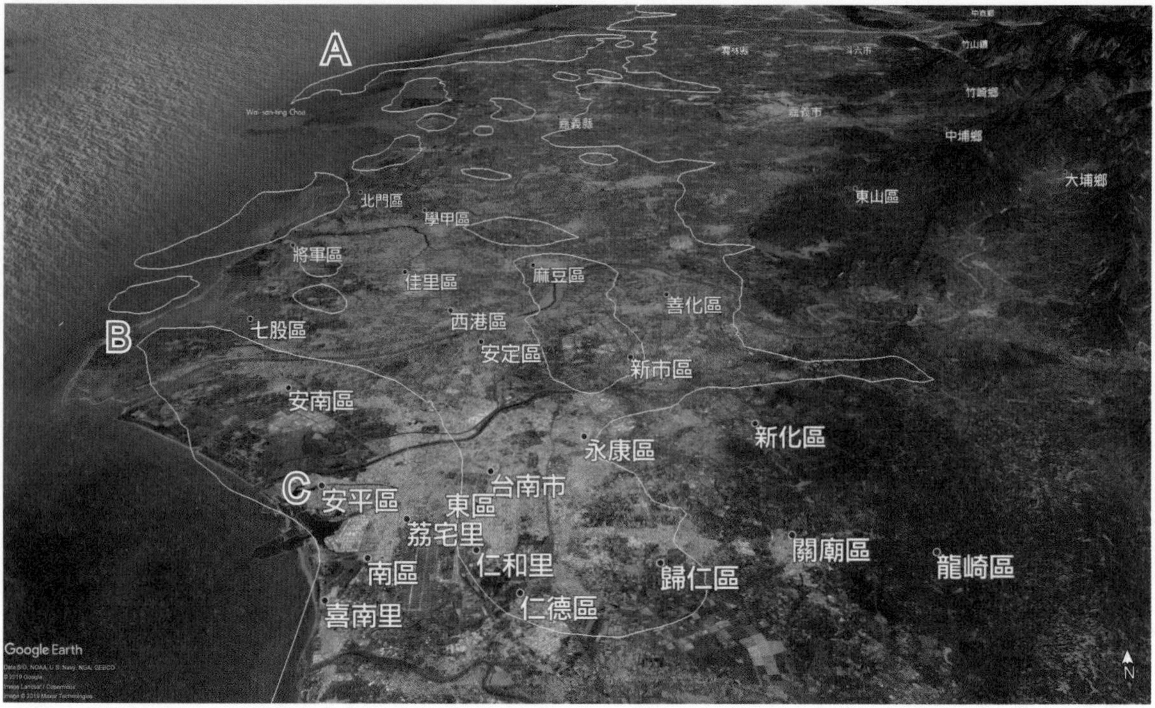

圖 1-3 臺江內海在一八七五年的面貌，白色線代表德國一八七五年所繪地圖在衛星影像上的套疊，古今地圖套疊可以方便讀者輕鬆地看出地形是如何劇烈變化

外傘頂洲的前身，不過位置比現在的外傘頂洲要靠北邊許多，這也讓我們明白，受到臺灣沿海由北向南的洋流影響，外傘頂洲必然持續不斷向南飄移，成為「移動的國土」。

透過近年來的衛星影像疊圖，可以對比出濁水溪口的南岸，憑空向外海突出一大塊的六輕工業區，恐怕只是暫時阻擋與改變往南漂沙的狀態，雖然外傘頂洲的面積不斷緊縮，但在外傘頂洲北側的沙洲面積則迅速增長，一旦變大的北側沙洲與變小的外傘頂洲相連，那麼一個瞬間變大的外傘頂洲便即將誕生，為「移動的國土」再創新生命。不過濁水溪上游的水庫、攔沙壩等水利設

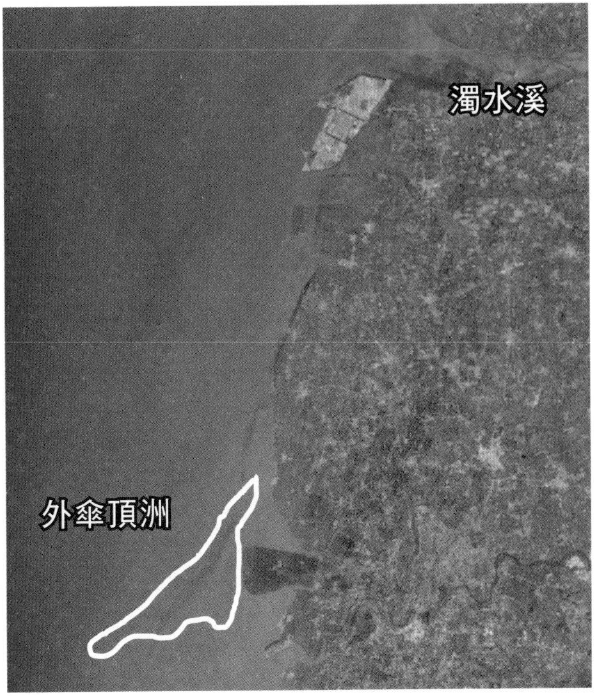

圖 1-4　一九八四年拍攝的外傘頂洲

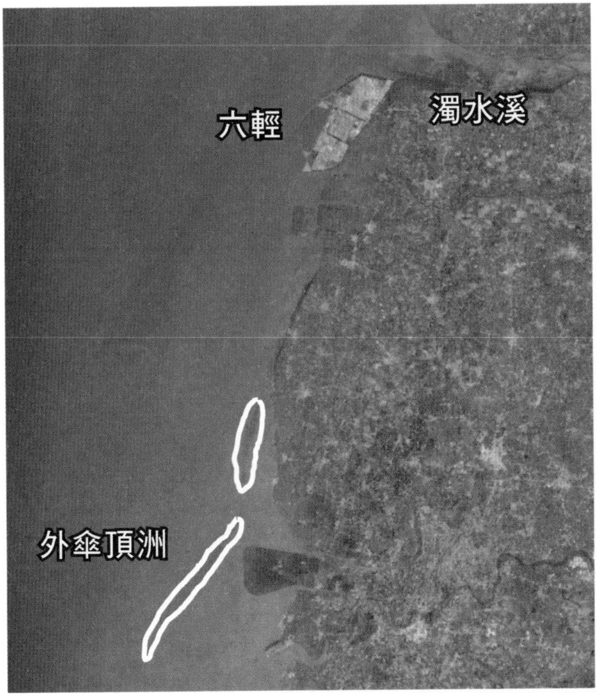

圖 1-5　二〇一八年拍攝的外傘頂洲

施必然會減少河口的泥沙堆積量，等於直接減損了外傘頂洲的生命來源，若是減損的泥沙供給量大於外傘頂洲的海水沖刷流失量，外傘頂洲消失的說法恐怕會真的發生。

圖1-3的B處則是鹿耳門頭溝，是過去清朝鎮道海防盤查過往船隻的交通孔道，圖上位置與今日的鹿耳門不同，原因一是沙洲、沙嘴會漂移，二是過去的地圖精準度不太高，絕對位置會有一定的誤差，不過絕對位置或許差強人意，但各地點的相對位置依然極具參考價值。C處是一六二四年荷蘭人在臺灣打造的要塞建築「熱蘭遮城」，發揮一點想像力，我們彷彿可以看見當年從熱蘭

遮城走出的收稅官員，一路行進到接近B點的沙嘴最前緣，向過往的船隻進行檢查與收取稅額。

從搶地盤到爭鏈結

二戰結束前，歐美與後起的日本帝國，前仆後繼地占領海外殖民地，從經濟角度來看，因為殖民地擁有的天然資源，如鐵礦、銅礦、石油、橡膠等，是那個時代帶動經濟最關鍵的物資。

回看二十世紀最重要的戰爭，無一例外都是領土之爭，領土代表著經濟資源和人口，搶占領土、強占礦場帶來財富的經濟模式，已經翻天覆地地改變了。到了今日，領土的意義在變化，如今全球最有價值的資源是智慧財產，即便派出軍隊占領美國矽谷，也不能將它的智慧財富變成你的，況且在供應鏈統治的世界中，誰擁有領土已不再重要，重要的是誰在使用領土上的資源，或者說是誰把領土上的資源整合到全球供應鏈。在供應鏈世界裡，領土征服的時代已經過去，如今重要的是互相聯結，互聯程度最好的國家就會勝出。其中因為基礎設施是聯結的前提和基石，所以各國的基礎設施都成為重要的世界公共品。

全球戰略家、美國國家情報委員會顧問帕拉格．科納 (Parag Khanna) 在《連結力——未來版圖：超級城市與全球供應鏈，創造新商業文明，翻轉你的世界觀》(*Connectography: Mapping the Future of Global Civilization*) 列舉大量案例說明：得益於基礎設施建設，一個互聯互通的全球文明正在形成，而且諸如高鐵、5G的迅猛發展，顯然這個進程仍在加速，全球文明的含義經歷著巨大重塑。供應鏈開始成為各國經濟發展的重心，未來國家間的競爭將不再是倚靠軍事力量，而是供應鏈之戰。隨著全球化的深入發展，地緣政治衝突在全球範圍內正在削弱，人們更願意透過合作獲取經濟利益，讓生活脫離貧困且更加富足，這個轉變為提升城市和地區聯盟地位打下了良好基礎。隨著全球供應鏈不斷擴展，城市得以越過國家，直接和外部世界對接，在比較優勢基礎上尋求互補，並且透過一系列自主優惠措施吸引外部投資。在一個互聯互通的世界中，傳統的國家競爭理念已經發生變化，一個城市或國家能否處在全球供應鏈中的適當位置，以及能否提供互聯互通的基礎設施，正成為比軍事和領土更重要的事。

另外，全球性的基因融合進程，正因為互聯互通而不斷加快。全球性移民不斷增加，已經達到歷史最高峰，這些流動帶來了龐大的人口融合。透過通婚形式，基因、人種、美感與價值判斷等，都隨著一代一代質變，移民們正在重塑世界版圖。對歐洲、日本、臺灣和其他老齡化社會而言，移民已經成為維持社會進行中必要且重要的組成。沒有移民的支持，基礎設施建設和社會服務都無法實現，許多產業甚至無法運轉而影響稅收；另一方面，大量移民的聚居也改變了國家的文化和政治形態。

從帕拉格．科納的觀點來看，全球性的互聯互通、全球性的衛星影像、全球性的旅遊照片與空拍，都讓現在的年輕人更認識、更喜歡自由和遷徙，因此，相比於原先的民族主義、國家主義和意識形態，基於城市認同的市民主義，或許是更適合他們精神氣質的描述。若是果真如此，藉由古地圖與現今衛星影像的疊合、對比來了解一個地區、一個城市，從過去到現在的變化內涵，應該是建構城市認同的必要便捷途徑。

觀看地球的視角變了

大約五十年前，阿波羅八號太空船離開地球表面飛向月球，當太空船飛行約四十萬公里，進入月球軌道後，太空人威廉．安德斯 (Bill Anders) 突然決定拍攝照片，眼前的畫面震撼了他，因為他看到地球從月球的背後緩緩升起。安德斯捕捉到當時人類從未見過的視角，這張照片被命名為「地出」(Earthrise)。也許你沒有太空船，也沒有時間在太空中飛行幾天，但如果有電腦或平板，甚至一支手機，現在只要幾秒鐘，你也可以彷彿親臨現場般地看到安德斯當年所見的景象，而且還能發現更多。

地球總面積約五．一億平方公里，這是一個巨大空間，一個人窮其一生的光陰也很難踏遍每一寸土地，但是運用 Google Maps 或 Google Earth，可以協助你抵達任何一個目的地，探索任何一個陌生角落。Google Earth 是全球最大的地理圖像存放區，以最真實的數位圖像和數位模型呈現地球，從崇山峻嶺到深邃海底，再到人口密集的市鎮。

這麼厲害的 Google Earth 所用的數位影像是怎麼來的呢？首先是運用七十萬張衛星自上而下垂直拍攝的影像，但看起來只是2D，無法呈現立體的地表，此時必須駕駛飛機，飛到特定高度後，來來回回如同剪草坪般掃過地面，五臺不同角度的相機，不斷同時拍攝下方、前方、右方、左方和後方的照片，再以「攝影測量技術」將這些不同角度、不同地點拍攝同

圖 1-6　地出，從月球看地球升起 ©NASA

一個地方的照片，用電腦的演算方法，拼接成立體的數位模型。這些接近地表的影像，Google Earth 用了八千億像素的畫面，如果用一臺電腦接上印表機來列印，需要花六十年才印得完。若再考慮不同高度要提供不同比例尺的影像（二十多種），還要再乘上好幾倍的時間。

另外，為什麼 Google Earth 呈現的衛星影像都是晴空萬里，幾乎沒有任何一絲雲朵呢？整個世界當然不可能完全沒有雲，要找到沒有雲的一天也根本做不到，解決方法就是收集大量不同時間拍攝的衛星影像，選取各區域沒有雲的影像，然後合併，於是就呈現出 Google Eearth 所看到完全無雲的世界。

從畫在牆壁且根本無法攜帶、傳播，到全部變成數字，隨時可以取用，其間變化已經像科幻片般的大戲。其實 Google Earth 就是一個把衛星拍攝的影像，按照系統性編排、連結所創造出的數位地球平臺。想要「認識」這個世界，善用 Google Earth 是絕對必要的技能，為什麼呢？因為如此精妙、龐大的衛星影像系統，竟然不用錢，免費讓你用！若是不好好善加利用，真是太對不起自己了。

近來大家應該注意到一種新的媒體現象興起——網紅文化，其實網紅早在二〇一六年就竄起，當年可說是網紅元年，幾年發展下來，各領域網紅正透過內容和資本手段，試圖完成自身的ＩＰ化。打造個人ＩＰ，提升個人品牌影響力，普通人將迎來成就自己的最好時代。藝術家安迪・沃荷 (Andy Warhol) 做過一個預言：「每個人都可能在十五分鐘內出名。」這句話用在每一位網紅再恰當不過了。什麼是ＩＰ？即是 Intellectual Property（智慧財產權、知識產權）的縮寫；ＩＰ化是指透過收購網路小說、遊戲、電影、文化作品版權，再將劇情稍加改編，製作成周邊產品，例如影集、遊戲、電影等，這個產製形式就被稱為ＩＰ化。美國是ＩＰ化流程經營最長久的國家，將文字作品改編成電影行之有年，例如網路遊戲《魔獸世界》、《憤怒鳥》改拍成電影上映，都是ＩＰ化的結果。

任何一個網紅不斷強化個人ＩＰ時，如何利用自身才華，裝點個人ＩＰ並持續發展，成為持續網紅生命的根本。所以善用 Google Earth 來強化網紅內容與空間的連結，讓敘事更具有空間感、位置感、地方感、土地連結感，絕對會是一種個別ＩＰ優勢的呈現方式。

下一章起，本書將從側欄最基本的功能開始介紹，幫助讀者成為千里眼般的生活黑客、優質ＩＰ。

第二章

Google Earth 的基本認識與操作

Google Earth 的發展歷史

Google Earth 技術的基礎開始於二十世紀九〇年代末，一群程式設計師為了開發3D遊戲軟體庫，便致力於圖形技術研發。一九九九年，這群人創造了 Keyhole 衛星圖像公司，運用一個可旋轉、可放大縮小的地球薄膜做為平臺，結合政府及商業公司提供的影像，開始展開收費式營運的商業模式，但收費模式難以擴大市場，公司不久後就資金短缺，導致員工紛紛離職。故事並未就此畫下句點，二〇〇三年，美國宣稱伊拉克擁有大規模殺傷性武器，不顧聯合國反對，執意發動伊拉克戰爭；戰爭行動期間，國際媒體運用 Keyhole 的衛星影像報導戰事，此舉讓 Keyhole 的能見度大為提升，甚至促使美國中央情報局轄下的風險投資公司，撥出資金注入極度缺錢的 Keyhole。

二〇〇四年，Google 公司宣布收購 Keyhole，並於二〇〇五年六月推出了 Google Earth 系列軟體。地圖服務一推出就大受歡迎，Google 雖有所準備，但還是措手不及。這個服務的魅力，一部分在於偷窺，一部分在於實用。現在能看到自己的房子、鄰居的房子、男友家、女友住所，甚至金正恩（朝鮮領導者）的房子，實在令人難以抗拒。

Google Earth 是第一個可以在瀏覽器中使用的網上全球地圖，並且是首次透過網頁瀏覽器免費提供基於圖像的全世界視圖。英國廣播公司報導的標題是〈Google Earth 提供了全新的視角〉，而《連線》雜誌報導的標題是〈Google Earth 正在改變我們看待世界的方式〉。《麻省理工科技評論》雜誌寫道：「即使從表面上看，Google Earth 也比舊的交互式地圖網站先進得多。令人驚嘆的衛星視圖，以及無須等待頁面刷新就可以朝任何方向拖曳地圖的能力是最明顯的進步。」

Google Earth 的功能在發布初期並無太大調整，僅加強美化介面，最關鍵的變化是 Google 將其定義為免費軟體，這種使用無門檻的舉措，促使近年 Google Earth 的快速普及，並搖身一變成為網路世界上熱門的地圖瀏覽兼廣告平臺軟體。Google Earth 經過多年的資料更新和擴大，累積了三十餘年的歷史圖像和科學數據集，這些資料已經到驚人的二十 Pb（1Pb = 1000Tb）的地理空間數據。

Google Earth 版本

Google Earth 總共有三種跨越不同平臺的版本，包括網路版、行動版和專業桌上版。網路版必須在網頁瀏覽器 Chrome 中執行，不支援其他瀏覽器，由於是在網頁上執行，所以無須下載任何軟體，可以在任何公共電腦用 Chrome 執行，對到外地旅行、未攜帶電腦且嫌手機螢幕過小的人來說，使用公共電腦查詢地圖會非常便利。

行動版可以支援內建 iOS 系統及 Android 系統的手機或平板電腦，執行前必須先下載 Google Earth 行動版ＡＰＰ。專業桌上版的功能最齊全，不僅具備查詢、測量等行動版擁有的功能，更能在 Google Earth 上增添點、線、面、照片、圖片、模型等自建資料，還可以對比同一地區的歷史衛星影像，成為觀察自然、人文地貌歷史變遷的絕佳工具。

本書後面的分享皆以專業桌上版 Google Earth 為平臺。

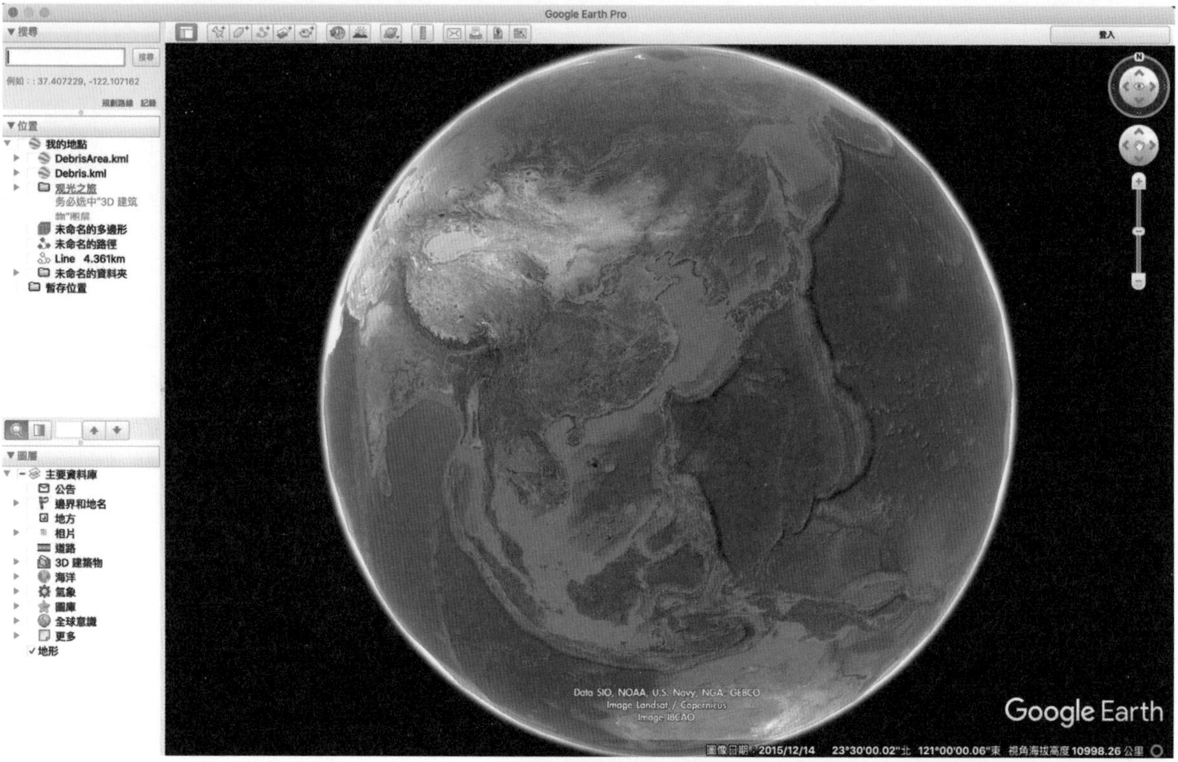

圖 2-1　專業桌上 MAC 電腦版

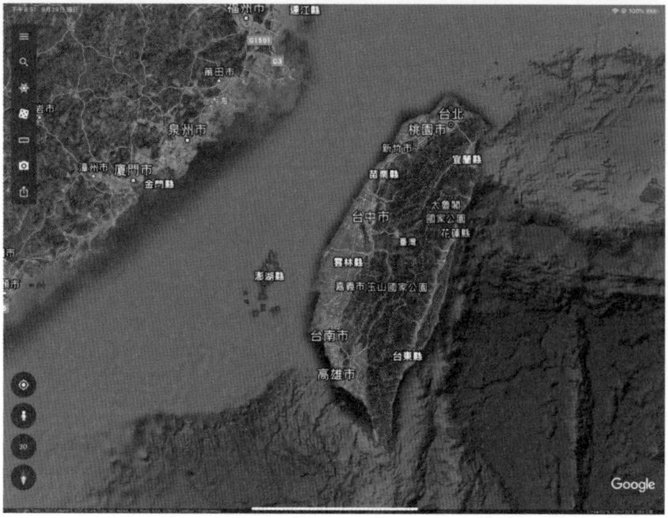

圖 2-2　iPad 行動版

圖 2-3　iPhone 行動版

圖 2-4　桌上電腦網路版

Google Earth 操作介面——側欄

專業電腦版的 Google Earth 功能最完整，也最強大，用來做為空中飛覽展示、教學和成果呈現，都非常適切，以下就以專業電腦版 Google Earth 的操作介面進行介紹。

側欄——搜尋

Google Earth 畫面的左側可以開啟側欄，分為三個欄位，由上至下分別是搜尋、位置和圖層。先看第一個欄位——搜尋，採用自然語法，例如想在臺北車站附近找一家有賣排骨飯的店家解決午餐時，只需要在搜尋欄位鍵入「臺北車站附近的排骨飯」，就能找到一堆有賣排骨飯的店。搜尋完畢後，欄位會擴展開來，並以A～J顯示前十個搜尋結果，當搜尋欄位顯示到J項目時，可以看到搜尋欄位下方出現「下一頁」的按鈕（圖2-5），下一頁又會顯示十項搜尋結果，若是資訊尚未顯示完畢，會一直顯示下一頁按鈕。

擴展開來的搜尋欄位左下角有三個小圖示（圖2-5），左邊的表示「複製到我的地點」，「我的地點」是指搜尋欄位下方的「位置欄位」中，用戶自訂的資料區，這一區的最大用途是讓用戶可以編輯並儲存點、線、面、圖、照片等個人資訊。按下「複製到我的地點」後，就可以將搜尋到的項目資訊複製、搬移到「我的地點」，提供用戶進一步的編輯安排。中間的小圖示表示可以將搜尋到的項目以KML格式複製到剪貼中，方便轉貼到其他程式做編輯輸出，例如可以轉貼到E-mail、Facebook或Line等社交、通訊軟體中，與他人分享地理資訊。

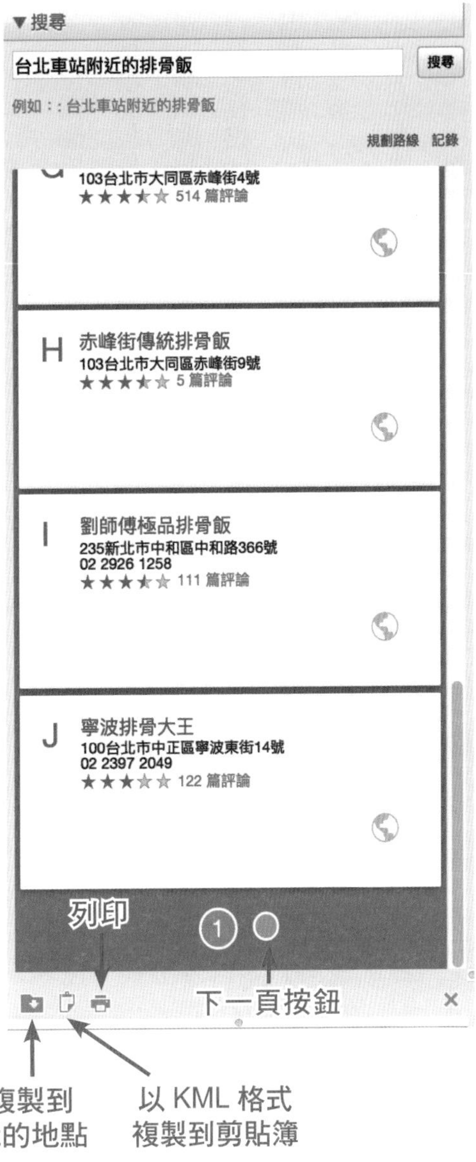

圖 2-5 下一頁按鈕

每項搜尋結果的右側都會有一個地球小圖示（圖2-6），若是地球小圖示亮起，表示此項搜尋項目有網頁連結資訊，可能是政府網頁，也可能是商業網站，亦或是Facebook專頁等。若要更進一步了解，可以直接點選地球小圖示，直接在Google Earth程式內開啟該網頁，還可以在視窗的右上角點選「在Google Chrome中開啟」，就會跳出Google Earth程式，另外

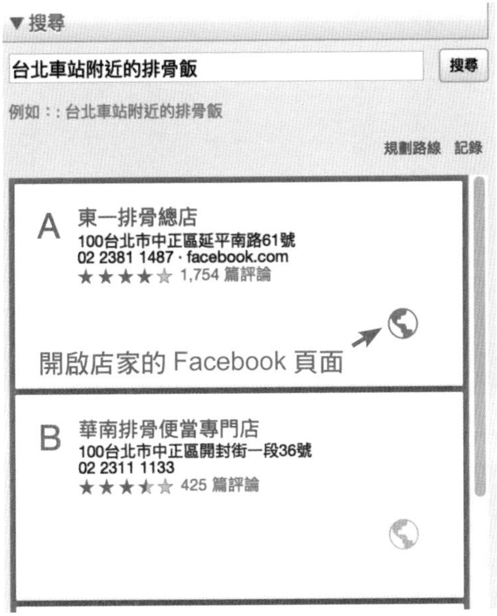

圖 2-6 地球小圖示可以開啟搜尋項目的網頁連結

在 Chrome 中開啟新視窗。

Google Maps 中最常用的功能之一就是規劃路線，此項功能在搜尋欄位的右側也有，一般情形我們不會用 Google Earth 規劃路線與導航，但若有製作相關影片的需求時，就能在這個功能項目中找到。「規劃路線」按鈕旁還有一個「記錄」按鈕，方便使用者無須重複輸入關鍵詞，只要點選「記錄」就能條列出曾經輸入過的關鍵詞，但是當 Google Earth 程式關閉後，這些紀錄就會消失。

試試看

運用 Google Earth 的搜尋功能，查詢金山區有多少家超商？

答：10 家

側欄——位置

位置欄位的主要功能是將全部 Google Earth 衛星影像上所做的任何點、線、面資料，以及增添的相片、疊圖和模型等資料，加以編輯、整理並儲存，以備將來再次取用或與他人分享。新增到位置欄位裡的資料，可以放在兩種不同的目錄，一個是「我的地點」，另一個是「暫存位置」。二者最根本的差別在於，放在「我的地點」的資料，即使跳出程式後，資料也不會消失，屬於永久儲存；放在「暫存位置」的資料，當程式關閉後，資料將會永久消失。

「我的地點」是一個目錄的概念，在此目錄之下，使用者可以利用「新增資料夾」功能，在新增的資料夾，擺放自己依此一專題而創作的點、線、面、圖等資料。當資料龐大且複雜時，可以繼續在一個專題資料夾，再新增多個資料夾，分門別類地放置各種資料，如同一本書的章節架構，讓使用者辛苦自建的資料架構，能夠清楚且易見。

當「我的地點」目錄之下的資料愈來愈龐大，搜尋需要的資料愈來愈耗時的時候，可以使用「位置」欄位下方的放大鏡小圖示，搜尋自己建立的龐雜資料。放大鏡小圖示旁，還有一個調整透明度的按鈕（圖2-7），點選此按鈕後，會切換成一個可以調整透明度的橫向拉桿。若是想新增一張古地圖在對應的正確空間位置上時，就需要運用這個橫桿，調整古地圖到適當的透明度，方便上下對照河川、道路、建物等自然或人文項目，達到古地圖與現今衛星影像正確對應的目的。

在位置欄位內新增「路徑」或錄製「遊覽」後，將點選路徑或遊覽，位置欄位的右下角將會出現「播放遊覽」的小圖示（圖2-7）；若是點選「路徑」，此時按下「播放遊覽」小圖示，就會出現沿著此條路徑飛覽的鏡頭。

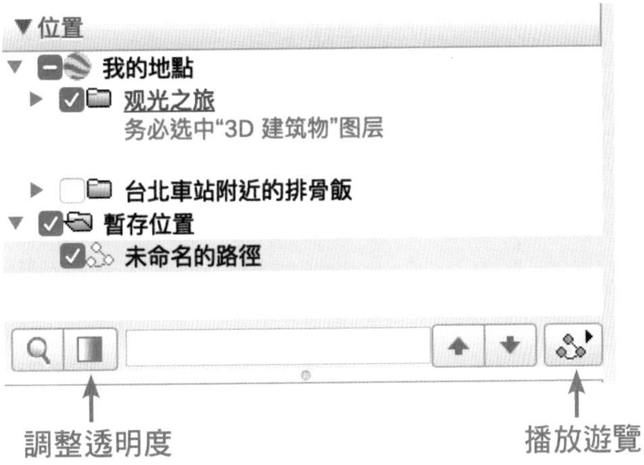

圖 2-7　調整透明度按鈕，按下後會出現橫向拉桿

側欄——圖層

側欄的第三欄位屬於「圖層」欄位，其實就像是 Google 很貼心地預先為你建置好各種資料夾。

一、邊界和地名

「邊界」項目細分國界、國家／地區名稱、海岸線和一級、二級到三級管理邊界與名稱；「地名」項目細分人口居住地點、島嶼、山脈、水域等。根據使用者的需求，適當點選邊界與地名內部的選項，就不會充滿各式各樣的資訊，讓整體畫面看起來雜亂無章，例如若是僅需要展示地形的起伏狀態，可以取消勾選邊界與地名，如此一來邊界與地名會完全消失，讓整個螢幕畫面看起來非常乾淨且無視覺上的干擾。

二、地方

「地方」項目沒有再細分，一經點選，各地區的捷運站、公車站、學校、社區公園都會用各式小圖示標示出來，甚至超商、自動提款機（ATM）、飯館、地政事務所、圖書館、運動中心等五花八門的建物標的都有對應的小圖示標示在地圖上。

三、相片

「相片」項目分成兩類，一類是傳統照片，另一類是三六〇度環景照片，有的是 Google

官方提供，有些則是一般使用者熱心上傳，三六〇度環景照片的地理位置精確，極具參考價值；但是使用 Google Earth 的傳統照片時，要稍微注意照片的地理位置是否正確。各地使用者提供的傳統照片，極大比例會出現位置標示錯誤的情形，一般常犯的錯誤是上傳者把照片位置標示為照片中要呈現的「主體位置」，然而正確的標示應該是照片「拍攝地點」的座標位置。例如一張在聖母峰五公里外所拍攝的雄偉英姿照，「距離聖母峰五公里外，拍攝照片時所站立的位置」才是正確的標示，常犯的錯誤是把此張照片的位置標示在聖母峰頂。錯誤標示會讓觀看照片的人，只能獲取聖母峰的美姿，照片從哪個角落拍攝和其他寶貴資訊就不得而知了。有些照片的錯誤位置則是刻意為之，尤其是有國土爭議的地區，正因為有爭議，總有「愛國」分子故意將不存在爭議區的照片，標示在爭議地區，藉此表達「愛國」之心，或是宣揚政治理念，這些做法就會讓國土爭議區的照片非常混亂，例如南海的島礁，隨時可以看到大量表達「理念」的照片，使用者在參考這些照片時，務必要留心查證。

四、道路

勾選「道路」項目後，所有道路系統都會以向量模式疊合在衛星影像上，從各地區的最高等級道路，如國道、州際道路等，到鄉間小道、產業道路都能呈現，這些道路都是以向量模式建立，具備邏輯運算的本質，可以如同一般導航地圖，滿足最佳路徑分析功能的需求，因此要用 Google Earth 導航一樣可行。

Google Earth 道路系統在中國，因為法律問題和更加根本上的國際商業競爭與國家安全考量，中國政府做了「偏移」處理，約往東南方向偏移了五百公尺（偏移量並不固定）。

圖 2-8 紐約曼哈頓島未開啟 3D 建築物的畫面

在中國使用 Google Earth 或 Google Maps 導航絕對不明智，用如百度地圖等中國自製的數位地圖來查詢和導航比較合適。使用中國自製的地圖，不但是因為定位準確、沒有偏差，而且要查詢「在地」的商家、地鐵、餐廳等資訊細節，都有極為豐富、正確的資訊。以實際在中國使用百度電子地圖導航的經驗來看，百度地圖可以說具有後發優勢，除了參考國外行之多年的各式導航地圖，介面與語音表達方式，都比 Google Maps 的導航狀態做了許多改進。

五、3D建築物

勾選「3D建築物」後能讓2D衛星影像中的人工建物變成真正立體化的模型，這個選項裡再細分成三個子項——擬真、灰色建築物簡圖、

圖 2-9　紐約曼哈頓島開啟 3D 建築物的畫面

樹木。圖2-8左側是紐約曼哈頓島未開啟「3D建築物」的畫面，圖2-9則是開啟後的畫面，對比之下差異非常巨大。呈現「擬真」建物有如真實建物外表型態的3D模型，這些模型是如何製作呢？難道是一棟一棟靠人的苦幹堆砌出來？世界這麼大，愚公移山的做法行得通嗎？少數人的愚公移山肯定不行，但若是全世界的使用者一起螞蟻搬象，倒是可以初見成效。

Google Earth 開放使用者運用 SketchUp 自建模型上傳，經過 Google Earth 團隊認證，就可以將個人作品在 Google Earth 上向全世界展示，讓許多建模達人與地理狂人熱情參與其中。但還是那句話，世界那麼大，這樣的建模方式太沒效率了。因此，從二〇一三年十月一號起，淘汰了3D立體建模審查程序，Google 現在依靠

Google Earth 的
3D 影像說明

飛機對地拍照，運用大量不同角度的拍攝，再經由電腦程式自動化形成立體模型，這種自動化的立體建模程序，絕對能比過去的方式更快創建立體景觀。

另一子項「灰色建築物簡圖」僅呈現建物的幾何輪廓，輪廓表面無任何真實照片貼圖，這種3D建物模型在臺灣找不到，在日本二、三線城市則是大量使用。平常似乎看不出這些灰色方塊般的簡單立體模型有什麼用處，但是當日本發生三一一東日本大震災時，海嘯摧毀了本州東北部沿海的若干城鎮，沿海土地甚至下沉了數公尺，大量房屋被海嘯一推一拉的驚人力量摧毀而夷為平地。此時，若是勾選「3D建築物」選項，就能清楚比較出災前與災後的驚人差異。

例如日本岩手縣東南部沿海的陸前高田市，因受海嘯襲擊，市中心遭到毀滅性破壞，根據岩手縣總合防災室統計，於二〇一二年八月十一日已確認的死亡人數為一千五百五十五人，失蹤人數為二百二十三人。這些統計數字很難傳達海嘯重創帶來的感受，這時運用 Google Earth 就能在視覺上讓人感受到海嘯災後的巨大改變；另一面，也時時展示著日本政府重建速度的緩慢。

另一子項「樹木」則是將城市中的任何樹木加以立體化，這項功能顯然最為耗工，因此有呈現的區域目前仍然非常稀少。例如，美國紐約市曼哈頓地區，就是少數能夠呈現立體樹木模型的區域（圖2-9）。

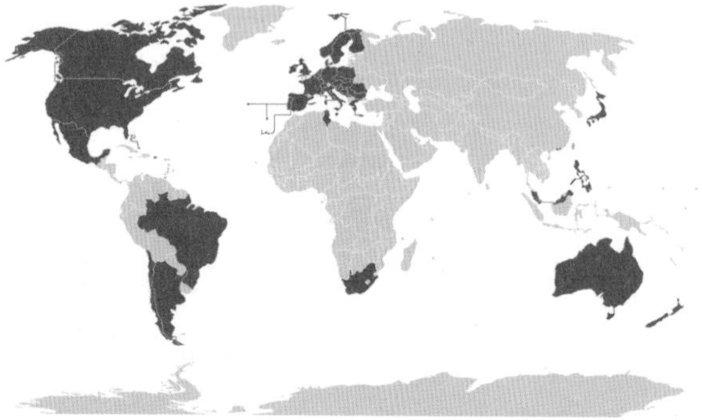

圖 2-10　二〇一八年一月，Google Earth 覆蓋 3D 模型景象的國家和地區（紅色）

圖 2-11　陸前高田市受海嘯襲擊後的畫面

圖 2-12　陸前高田市受海嘯襲擊前，市內建築物的簡易模型

六、海洋

「海洋」項目包含：海洋瀕臨絕種動物、沉船、海洋生物普查、死區、動物追蹤、國家地理雜誌和海洋運動，其中以「海洋運動」的內容較為豐富，勾選後，地圖上會顯示全世界關於衝浪點、潛水點、風箏衝浪點的標示與資訊。

七、氣象

「氣象」項目可以顯示現時雲圖影像，若要看二十四小時的雲圖動畫，可以點選「雲圖」下方的「資訊」，點選後會跳出雲圖說明；跳出視窗的右上角有「下載」的超連結，點選下載後，在「暫存位置」項目就會出現「雲圖動畫」的對外連結資料目錄，勾選此一目錄後雙擊「雲圖動畫」，會開始下載二十四小時的雲圖動畫資料（需要一些時間）。接著衛星影像主畫面的左上角會出現時間橫拉控制條，移動控制條可以顯示任一時間的雲圖影像，若是將游標移動到控制條，左側會出現一個時間連續跑動的按鈕，這個按鈕可以讓雲圖隨著時間快速切換，就能製造出雲圖動畫。

自一九六〇年代起，由於有兩大類型的環境衛星（同步軌道衛星和低軌道衛星），人類才能從太空觀察地球的雲層。合併衛星資料的步驟非常複雜，因為每顆衛星的觀測圖都只是雲層的一張「快照」，拍攝時間也有些微差距，可是下方的雲層卻是不斷移動和變化。因此這些雲層動畫的最大價值，並不在於「真實準確」呈現雲層的正確位置，而是在顯示雲層的移動「趨勢」。

八、圖庫

「圖庫」項目裡的資料豐富、精彩，首先點選「360Cities」後，會調出數量龐大的三六〇度全景照片。這些全景照片的圓形圖標數量，會隨著視角的海拔高度而逐漸改變，當使用者鎖定一個地點，逐漸降低視角高度時，有時能意外發現還有數量不少的三六〇度全景照片的圓形圖標。

「美國太空總署」項目裡有一個「地球城市夜色」，點選後會立刻覆蓋一張全球夜間拍攝的衛星影像，藉由陸上光點的疏密與強弱，可以迅速看出一個國家或地區經濟發展的概況，以及全球各地油井的分布位置。另外，藉著海上光點，還可以看到全球重要捕魚區的分布位置，這種資訊不是白天所拍攝的衛星影像所能給予的。

圖庫項目裡還有一個非常精彩的彩蛋——Rumsey 地圖。Rumsey 地圖集於三十多年前開始進行，內容超過十五萬張地圖。雖然該系列重點關注罕見的北美和南美十六至二十一世紀的地圖，但也有不少世界、亞洲、非洲、歐洲和大洋洲的地圖。

Rumsey 地圖網站不但免費，而且允許使用者用高分辨率瀏覽地圖。將不同時間、年代的高分辨率古地圖疊合在一起，亦或單獨一張古地圖與現今的 Google 衛星影像疊合，都能「發現」城鎮的興衰變遷、道路的發展輪廓、海岸的前進後退、河道路徑的變動等地理現象。

還有一個「Wikiloc」項目值得參考，此項目收集全世界熱心人士上傳各地區的旅遊路線，勾選後，在主畫面衛星影像上會出現大量圓型小圖示，點選任一小圖示會開啟一個路線簡要說明視窗，若要參考該路徑，直接點選「Display track on the map」即可，路線會顯示在衛星影像之中。

九、全球意識

「全球意識」項目的內容包羅萬象，「阿帕拉契山頂移動」對美國阿帕拉契山脈的環境生態監測，例如礦場開發帶來的汙染、水土變化、生態損失等，提出警示資訊。

「ARKive」是一個以宣傳生態保護為主題的公益網站，分門別類地收集大量不同物種在野外被拍攝到的圖片和影片資料，供訪問者免費觀看。部分 ARKive 所警示的瀕危生物，也可顯示在 Google Earth 相對應位置的衛星影像地圖上。

Google Earth 操作介面——快速功能鍵

Google Earth 畫面上方有十四個最為常用的快速功能鍵，由左至右分別是「隱藏／開啟側欄」、「新增地標」、「新增多邊形」、「新增路徑」、「新增圖像疊加層」、「記錄遊覽」、「顯示歷史圖像」、「顯示景物的日光照射效果」、「在地球、星空與其他星球之間切換」、「顯示尺規」、「電子郵件」、「列印」、「儲存圖片」、「在 Google Maps 中檢視」。

一、**隱藏／開啟側欄：**把視窗中的側欄關閉、隱藏起來，這個鍵是雙向按鈕，按一次隱藏，再按一次又會顯現。

二、**新增地標**：這項功能最為常用，可以把新增地標理解為「點資料」，這個點可以是地名、活動地點、導航點、教學引導參考點、事件圖標等。

三、**新增多邊形**：可以理解為「面資料」，這個面可以是地形區、行政區、氾濫區、崩塌區、城牆、立體指引符號、統計圖的柱狀資料等。

四、**新增路徑**：可以解釋為「線資料」，這條線可以是登山路徑、飛行路徑、剖面路徑等。

五、**新增圖像疊加層**：圖像疊加層就是在既有的衛星影像上，疊上一張不同內容的圖像，這個圖像可以是不同時間拍攝的衛星影像，也可以是古地圖，甚至是一張照片。

六、**記錄遊覽**：功能執行後會在主畫面的左下角出現錄影功能小視窗，可以錄製主視窗中的所有變動，錄製功能可以選擇只錄製畫面的變動不帶聲音，也可以選擇即時錄製附帶解說聲音的影像畫面。

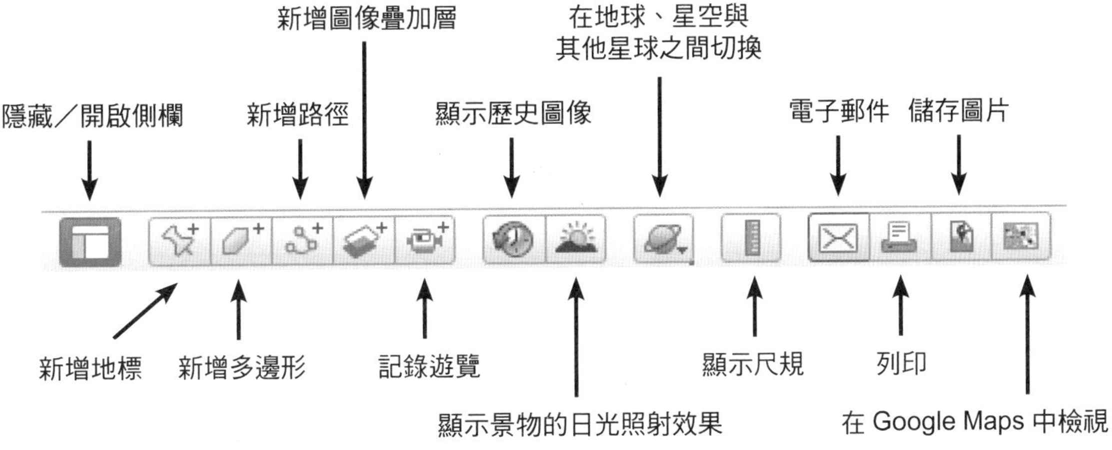

圖 2-13 上方十四個快速功能鍵

七、顯示歷史圖像：這裡的歷史圖像指的是不同時間所拍攝的衛星影像，由於 Google Earth 開始建立的衛星影像，僅有十數年的光陰，因此使用衛星影像的歷史圖像，僅適用在近十數年地表變動明顯的地區，例如河口附近的海岸、都市的土地利用變化等。點選「顯示歷史圖像」後，會在主視窗的左上角出現時間軸小視窗，時間橫桿中的每一個白色小線段都代表著一個時間切面所對應的衛星影像。歷史資料量的多寡，會隨著不同地區的重要性而有所不同，因此不同地區會有不同數量的歷史衛星影像資料。

八、顯示景物的日光照射效果：點選後主視窗的左上角會出現時間調整橫桿，橫桿的左上角有三個小按鈕，左邊第一個小按鈕可以縮小時間滑桿，最大尺度可以將滑桿兩端時間差距拉到一整年。左邊第二個小按鈕可以放大時間滑桿，最大尺度可以將滑桿兩端時間差距縮小到一分鐘。左邊第三個小按鈕，則是啟動時間滑桿自動重複跑動。橫桿的右上角有一個板手形狀小按鈕，點選後開啟另一個小視窗，可以設定日期和時間選項，以及改動動畫的播放速度。

九、在地球、星空與其他星球之間切換：Google Earth 主要呈現的是地球表面的衛星影像，但 Google Earth 顯然不僅是展示地球，還展示了目前可見的宇宙星空。切換到星空後，整個主視窗就變成星系、星團、星座的景象，並且有大量哈伯望遠鏡所拍攝到的高清畫面和

試試看

請用搜尋功能找到受到八八風災影響的小林村位置，再用「顯示歷史圖像」功能，將衛星影像的時間回溯到二〇〇一年十一月十七日，重現小林村未受到災害前的面貌。

「小林村回憶」影片

文字說明。另外還可以切換到火星和月球，火星可以切換多種不同波段所拍攝的火星表面影像，月球則可以顯示出多次月球任務下，留在月球表面的人造物地點，以及月球車與太空人走過的路徑。

十、顯示尺規：尺規功能最主要用在測量距離與面積，總共有六種測量工具，「線條」是測量地面上兩點間的距離，「路徑」是測量地面上多點間的距離，「多邊形」是測量地面上幾何圖形的距離或面積，「圓形」是測量地面上圓形的圓周或面積，「3D路徑」是測量3D建築物的高度和寬度，以及建築物的點和地面間的距離，「3D多邊形」則是測量3D建築物的高度、寬度和面積。

十一、電子郵件：若要傳遞 Google Earth 上的資訊，可以透過「電子郵件」功能，分享的方式有三種。「螢幕擷取畫面」功能是直接擷取主視窗現在呈現的範圍，並以JPG格式輸出；「目前檢視畫面」是將主視窗現在呈現的範圍以KML格式輸出；「選取的地標／資料夾」是將側欄中「位置」欄的地標或整個資料夾的內容，以KML格式輸出。凡是以KML格式輸出的資料，接收到的人只要點選電子郵件中的KML檔案，就會立即啟動使用者電腦中的 Google Earth 軟體，並且將KML檔案展示出來。

十二、列印：如果需要正式的地圖規格輸出，卻又不知道該如何編排地圖上該有的資訊，這個功能可以協助地圖規格的設定，包括圖名和地圖說明、圖例的建立、比例尺和指南針的顯示或隱藏。運用「HTML區域」可以在輸出地圖上加上自己的商標或標誌性圖案。還可以選擇不用紙張列印，改以PDF格式輸出，方便在電腦上或平板上查看。

十三、儲存圖片：位在列印功能裡，上方右側按鈕的獨立移出。

十四、在 Google 地圖中檢視：點選此快速功能鍵後，主視窗會轉換開啟 Google Maps，轉換的時機在於當你需要各種機關、行號、公園、停車場等資訊的標示時，Google Maps 這方面資料的豐富性，經常會讓人驚訝。

第三章

點資料的應用

「新增地標」功能可以視為點資料，呈現方式並非僅是加注地點的地名訊息這麼單純，實際上有非常多變化。

新增地標——說明

「新增地標」有四個主要設定，分別是「說明」、「樣式、色彩」、「檢視」和「海拔高度」。

「說明」可以在點資料內增加文字說明、超連結、圖片等訊息。

一、新增連結

點擊上方快速功能鍵的「新增地標」後，會跳出各種設定視窗。首先看到「新增連結」，如果想要讓人點擊我們建立的點資料圖示，打開的視窗會顯示一個超連結，點選「新增地標」視窗內的「新增連結」，接著將所要顯示的網址貼入到「連結網址」旁的窗框內，並按下同一橫列旁的確定按鈕即可。此時，程式會自動將網址編寫成HTML語法並顯示在下方欄位。

若是不喜歡程式自動編寫的顯示方式，想要讓一大串網址直接說明網站的中文表示，可以替換圖3-1黃色底線所標示的網址文字，例如要跳轉到Google的搜尋網頁，若是讓程式自動編寫就會呈現成圖3-2的樣貌，若是想要呈現中文網站名稱並附帶超連結，黃色底線部分就

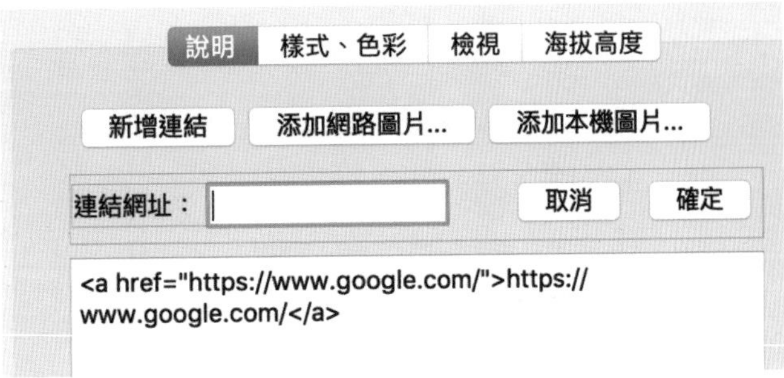

圖 3-1　「新增地標」項目下的「新增連結」

圖 3-2　網址顯示樣貌

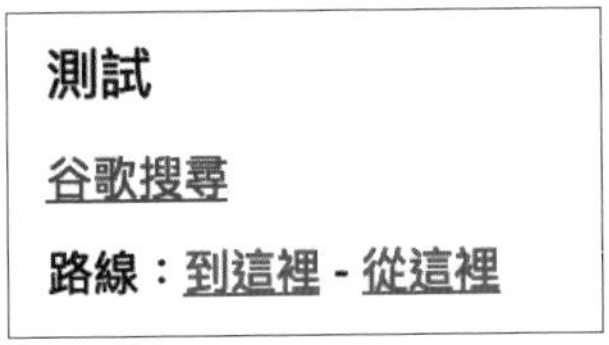

圖 3-3　中文超連結顯示樣貌

改為「谷歌搜尋」，四個字就會變成超連結模式如圖3-3。

試試看

在Google Earth搜尋到公司或學校的位置，接著在上面新增一個地標，並在「新增地標」內放入公司或學校的網頁超連結，點擊地標時，即可顯示帶有公司或學校超連結的名稱。

二、添加網路圖片

「新增連結」右側有一個「添加網路圖片功能」，想要與人分享新建的資料，添加於點資料裡的圖片就必須在網路之中，而且權限必須屬於公開共享，如果用個人 Google 相簿裡的照片就行不通。

三、添加本機圖片

添加本機圖片非常直覺且簡易，只需在開啟視窗中選擇要呈現的照片檔案即可，但這樣做仍有限制，日後照片檔案若是刪除，或是移動到電腦中的不同目錄，都會導致 Google Earth 中該照片的顯示異常。同樣的，由於照片僅存在個人電腦中，所以分享KML資料時，其他人打開檔案將會顯示照片異常。

「添加本機圖片」適用於僅需要在本機電腦中呈現的情形，例如想用 Google Earth 為平臺，呈現出家人出遊的地方，在這些旅遊路線上適當對應一些精彩的照片，並錄製成一段影片，那麼這些照片只需要儲存在本機上即可。

四、添加表格

雖然有些功能可以交由 Google Earth 自動編寫，但欄位內只能做出簡陋的呈現。我們可以試著讓新增地標的內容呈現更精鍊、優雅。下方是一個表格範例：

將以上的HTML語法範例，寫到新增地標的「說明」視窗內，在主視窗中點選此一地標時，將會打開如圖3-4的視窗，呈現出一個擁有雙

定義表格中的行。

表示標準表格寬度，表格邊界使用兩條線。

一個容器，意味著你可以圍繞文本（如 HTML）創建鏈接，也可以圍繞任何形狀創建鏈接。

```
<table width="100% " border=2>
<tr><td> 演講主題 </td><td> Google Earth 基本操作介紹 <tr><td> 地點 </td><td>
萬芳高中 <tr><td> 網址 </td><td><a>href= " http://www.wfsh.tp.edu.tw//"> 前往
萬芳高中 </a></td><tr><td colspan=2><img src=" http://highscope.wfsh.tp.edu.tw/
sites/default/files/ct_ar_point_4/102129747.jpg">
```

將鏈接定義為參考 URL，該鏈接的確切含義取決於使用它的每個元素的上下文。

定義包含數據的表的一個單元格。

表示將表格中的兩個直行欄位合併為一個欄位。

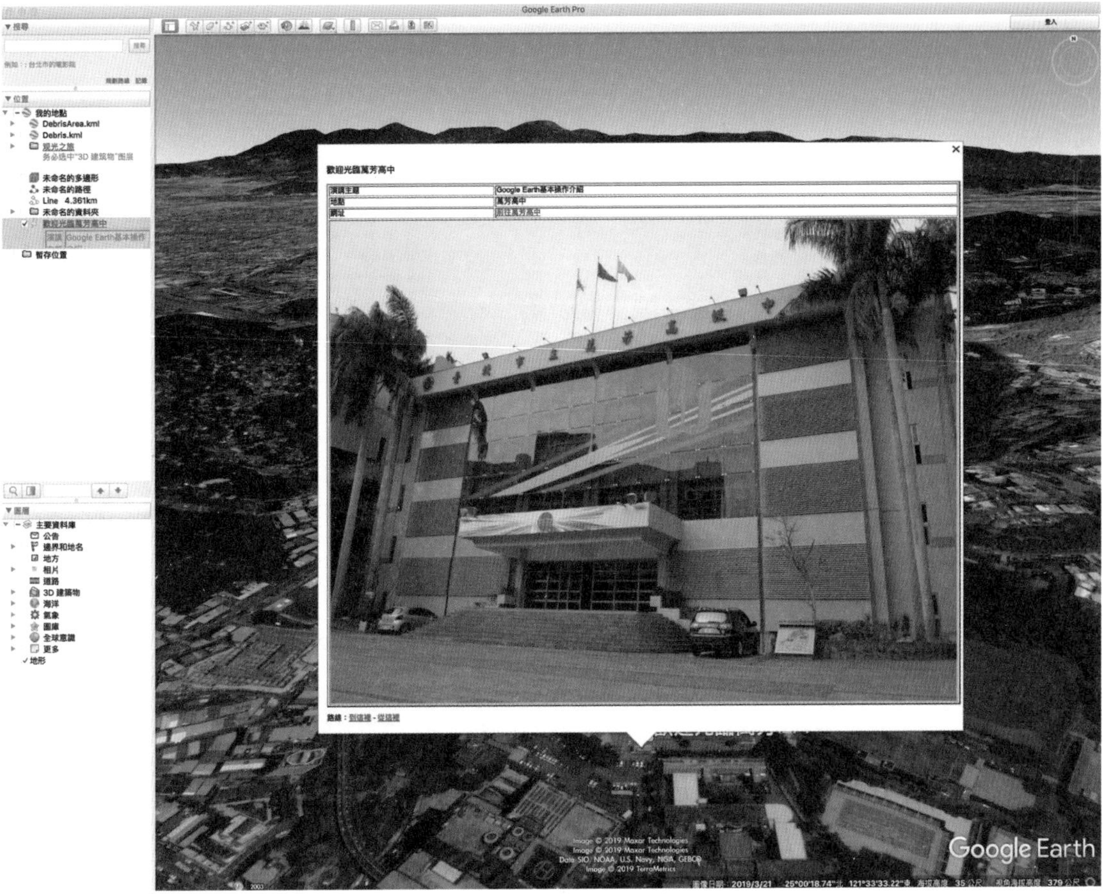

圖 3-4　有雙線外框的表格範例

線外框的表格，前三橫列有兩個直行欄位，第四行則為一個欄位。

試試看

在 Google Earth 搜尋到公司或學校的位置，接著在校門口位置上新增一個地標，並在「新增地標」內撰寫演講公告表格，並讓公司或學校的網頁附帶超連結，點擊地標時會顯示帶有公司或學校超連結的名稱，最後附上一張公司或學校的照片。

新增地標——樣式、色彩

「樣式、色彩」可以改變「新增地標」（點資料）的圖示和標籤的樣貌、大小、色彩、透明度。

一、新增地標的圖示設定

點選「新增地標」的「樣式、色彩」項目，將可調整標籤和圖示的呈現。標籤是「新增地標」視窗內「名稱」欄位的文字標示，透過色彩可以調整標籤顏色，比例能調整標籤大小，透明度則是用在隱藏標籤，雖然要讓標籤消失可以直接刪除「名稱」欄位內的文字，但是這樣一來，側欄裡「位置」視窗裡的資料將會空白，日後想要尋找資料時就會產生困難，所以想讓標籤消失的最佳方法，是調整標籤內的透明度，將它改為0即可讓標籤消失。

要改變圖示的顏色，可以透過圖示內的色彩欄位，大小則是調整比例尺。若是只想顯示標籤，而要讓圖示消失，就將圖示內的透明度改為1，為何是1而不是0呢？因為若是調整為0，會導致主視窗中「新增地標」的閃爍方框消失，如此一來會無法透過點擊拖拉閃爍方框來調整適

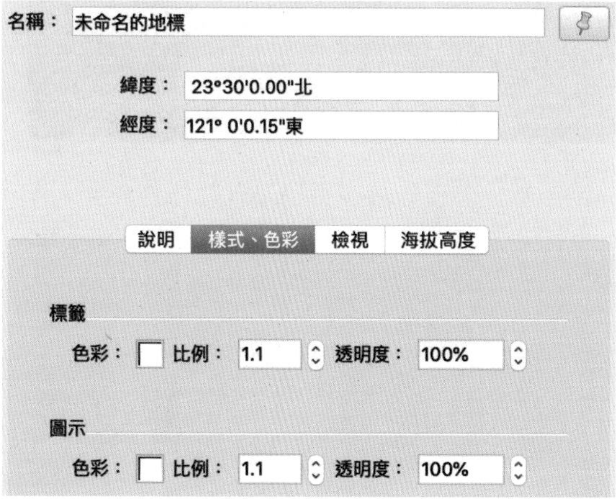

圖 3-5　樣式、色彩的顯示介面

當「新增地標」的位置，對後期的編輯修改工作會產生極大困擾。

「新增地標」視窗右上角有個黃色的圖釘按鈕，點選後會開啟另一「圖示」視窗，這個視窗可以變化地標標籤的圖示樣貌，Google Earth 內建一百六十七種圖案，若是都不喜歡，想用自家的商標圖案，點選「圖示」視窗左下角的「新增自訂圖示」，透過對話框指定圖案路徑，就可以看到新增地標的圖示變成你想要的樣貌了。

二、垂直地標文字標示

使用 Google Earth 標注文字說明或地名時，內建的呈現方式都是橫式，若是兩個地標間的空間不大，或是標籤文字較多，例如「能高安東軍北三段步道」共十個字，會經常出現文字說明擠成一團的情況。這種混亂的源頭在於地標文字都是橫式書寫，若是能改為直式，就能讓每一個地標上的說明像一根根垂直文字棒子且不占空間，當畫面不斷旋轉角度或放大、縮小視覺範圍時，就能夠展現出直式標籤的優異之處，畫面非常清爽且互不干擾，我們就可以透過「新增自訂圖示」的方法來解決。

如何處理這樣惱人的問題呢？首先，啟動慣用的圖案或照片編修軟體，例如 Photoshop（若是覺得貴，還有許多功能類似的替代軟體），接著用照片編修軟體製作一個透明底圖，在這個透明底圖上輸入垂直編排的文字，完成後再裁切圖幅大小，使它成為一個適當的文字標籤。接著透過「新增自訂圖示」按鈕，指定製作好的垂直文字標籤在電腦中的路徑，新增地標將不再是橫式排列的文字，而是變成看起來更特別、更好用的垂直排列文字標籤。

根據使用經驗，地標的文字標籤用白色會最為醒目，但這會產生一個問題，就是當你用照片編修軟體製作一個透明底圖，並在底圖上輸入文字時，一堆白色文字在透明背景中等同於消失，這會對編輯文字過程產生極大困擾，所以我們不要使用完全的白色，而是用略帶一點紅色的色彩（幾乎無法用肉眼察覺），這樣在編輯文字時會方便許多。由於是非常淡的紅色，因此在 Google Earth 上顯示時，視覺上會覺得標籤文字看起來是白色的。

試試看

臺北市曾經擁有一座有五個城門的城池，這座使用石材扎實建造的城池於一八七九年（光緒五年）研議規劃，一八八二年（光緒八年）開工，一八八四年（光緒十年）竣工。然而這座歷經多任清朝官員主持才建好的城池，真正存在的時間卻不到三十年，因為日本人來了之後，臺北城遭到拆除，至一九〇四年（明治三十七年）年底時，所有城牆與西門均遭拆卸，僅剩五大城門中的四座。這四座城門現以「臺北府城——東門、南門、小南門、北門」名稱列為中華民國國定古蹟。

請在 Google Earth 的衛星影像上找到臺北府城的東門、南門、小南門、北門，並以新增地標方式標注這四個城門，標示方法為直式白色的文字如圖 3-6。

圖 3-6 北門的直式標注

絲路之旅
（垂直文字標籤示範）

新增地標——檢視

「檢視」功能可以指定「新增地標」的特定視角和特定檢視時間或時間區間。

展示地標不會永遠都採用上方垂直視角，為了特定目的或美感，我們都會需要在展示某個地標時，能夠指定一個特定視角。為了達到目的，可以先調整自己認為觀看某地標最適合的角度與高度，接著在「檢視」項目的視窗下點選「擷取目前畫面」，程式就會自動調整經緯度、範圍、朝向和傾斜，非常方便。假如建立了五個地標，每個地標都設定特定視角，展示給他人觀看時，只要依序點擊側欄中「位置」的地標資料，主視窗就會滑順地運轉畫面到指定視角，再繼續點選下一個地標，畫面就會依序轉移到它的特定視角。

新增地標——海拔高度

「海拔高度」功能能夠設定地標的高度，共分為貼近地面、貼近海床、相對於地面、相對於海床和絕對高度。

貼近地面是內建默認的設定，也就是一開始新增地標時，就是建立地標位置的地面海拔高度。若是新增地標的位置是在陸地上，又想改變地標高度，可以選擇「海拔高度」彈跳視窗中的「相對於地面」，此時海拔高度的方框會亮起，下方的高度拉桿和「向地面延伸」的選項也會亮起。這時可以直接輸入想要的地標高度數值，或是以滑鼠拖拉拉桿來改變地標到視覺上的適當位置。

若要更清楚呈現地標與地面的關聯性，可以點擊「向地面延伸」項目前的選擇方框，這時空中的地標會有一條直線連結到地面的相對應位置。「向地面延伸」若是被啟動，回到「樣式、色彩」項目的視窗，除了原有標籤與圖示的調整選項外，還多了「線條」的調整選項，指的是地標向地面延伸的線條。因此可以透過這裡改變線條的色彩、寬度和透明度。舉例來說，設定地標的圖示為一個圓球，調整適當的地標海拔高度，再設定向地面延伸，接著調整線條的適當寬度，就可以把地標變成像是插在衛星影像上的一根大頭針，若是放大尺寸，還可以像是一顆廣告氣球。

「貼近海床」選項是用在新增地標的位置位於海上，若是為了標示海床上的某個標的物，使用貼近地面選項，新增的地標只會停留在海面上，不會沉入海底，這時改選貼近海床，新增的地標就可以貼在海床上，滿足使用者的海底標示需求。而且這時地標在海床上的海拔高度為零公尺，向上遞增。

絕對高度選項則是以海平面為零公尺，往下是負值，向上則是正值。

在「海拔高度」的視窗中選擇「相對於地面」，海拔高度的方框會亮起，下方的高度拉桿和「向地面延伸」的選項也會亮起（如圖3-7）。

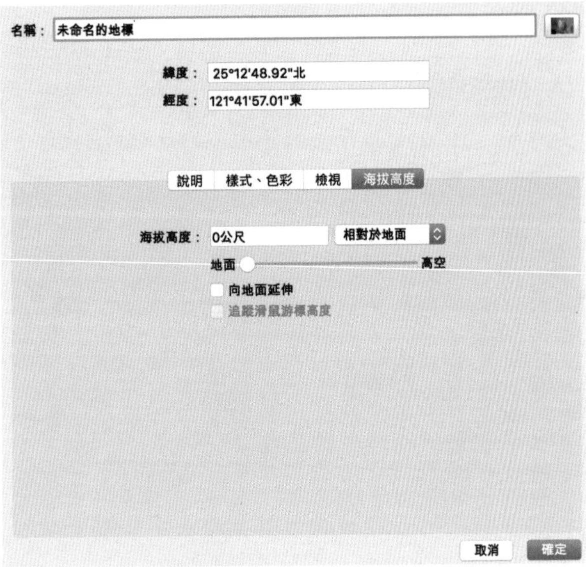

圖 3-7 海拔高度選項

試試看

高屏溪是臺灣僅次於濁水溪的第二長河，流域面積卻是第一大的河川，長度則排名第二，不過是指地面上的河川長度，若把沉到海裡的河道算進去就會是全臺第一啦（當然不能這麼算）！

請在高屏溪口外的海底，找出高屏溪過去的河道，並在河道上的適當處，使用「新增地標」標示「溺谷」，二字要緊貼在溺谷的河道上（也就是現在的海床）。同時，也請注解高屏溪的位置和小琉球，最後仿造圖3-8，擷取一張相同或類似的畫面，做為你社交網路上的展示成果。

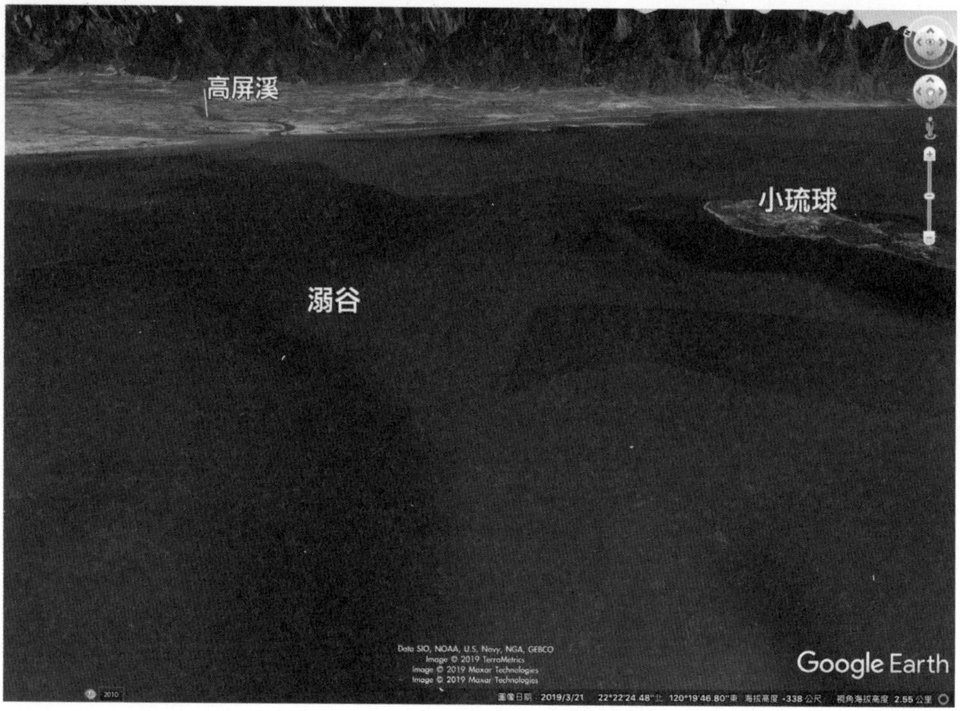

圖 3-8　高屏溪溺谷

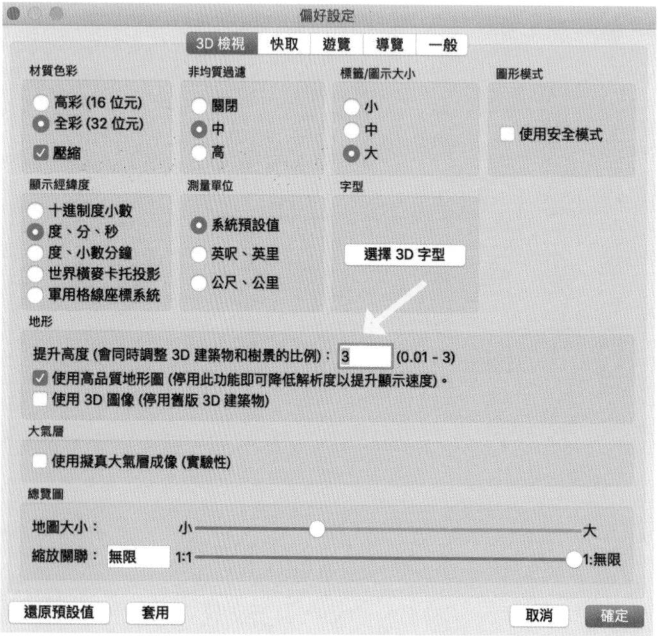

圖 3-9　設定小提示：打開偏好設定（Windows 版的「工具」項目下的「選項……」），在「3D 檢視」視窗中，將提升高度改為最大值 3

第四章

線資料的應用

「新增路徑」功能可以視為線資料，線資料可以成為邊界線，也可以成為飛覽時的預定飛行路徑。

新增路徑——說明

「新增路徑」和「新增多邊形」一樣有五個主要設定，分別是「說明」、「樣式、色彩」、「檢視」、「海拔高度」和「測量單位」。

「說明」項目下，雖然可以在路徑資料內增加文字說明、超連結、圖片等訊息，但這麼做的實用場景很少。

新增路徑——樣式、色彩

新增路徑的樣式與色彩功能，只剩下「線條」的色彩、寬度和透明度需要調整，當我們使用「路徑」做為分界線時，若有數條分界線，使用不同的色彩自然會容易辨識。寬度調整則是決定於要用多遠的距離，或是多寬廣的視角來看眼前的衛星影像，距離愈遠或視角愈寬廣，就需要讓「路徑」寬度變寬，因為愈遠的距離，會讓過細的「路徑」難以分辨。

至於透明度，當我們決定要讓「路徑」成為預設飛覽的飛行路徑時，一條浮在空中且清晰可見的「路徑」會非常礙眼，因此最終敲定時，將「路徑」的透明度調整為1，路徑就會變成一條隱形的線，也就成為一條看不見的飛覽路徑。

新增路徑——檢視

「檢視」功能可以指定「新增路徑」的特定視角。

與新增地標一樣，為了特定目的或美感，可以先調整自己認為觀看某路徑最適合的角度與高度，接著在「檢視」的視窗下點選「擷取目前畫面」，程式就會自動調整經緯度、範圍、朝向和傾斜。

新增路徑——海拔高度

新增路徑的「海拔高度」功能，如同新增地標一樣，分為「貼近地面」、「貼近海床」、「相對於地面」、「相對於海床」和「絕對高度」。

在同一條路徑時，選擇「貼近地面」，新增的路徑會貼著地面，隨地面海拔高度的變化而跟著起伏；若是選擇「相對於地面」，就會在路徑上的每一個點與點間拉成直線。舉例來說，若是在兩個山頭各點一個點，就會立刻在山頭間形成一條路徑，此時內定的選項是

「貼近地面」，所以會看到這條路徑是跟著地面起伏（圖4-1）；若將選項改為「相對於地面」，這條路徑就變成一條懸空直線（圖4-2），與下方的地形起伏就顯得毫無關係。

若懸空直線調整海拔高度並點選「向地面延伸路徑」，原本的海拔高度為零，開始拉高懸空直線的海拔高度後，形成的垂直立面就會以原本的懸空直線為起始向上延伸（圖4-3）。

若點選「絕對高度」，同時也點選「向地面延伸路徑」，並將海拔高度往下調整，甚至乾脆讓海拔高度為零，此時就會看到以懸空直線為基準向下延伸面，此延伸面與地面的高度起伏能緊密契合（圖4-4），這種技巧可以用來簡易表達水壩。

圖 4-1 海拔高度下的貼近地面路徑

圖 4-2　海拔高度下的相對於地面

圖 4-3　海拔高度下的向地面延伸路徑

圖 4-4 海拔高度下的絕對高度

試試看

請用搜尋功能找到小林村的位置，再用「顯示歷史圖像」功能，將衛星影像的時間回溯到二〇〇一年十一月十七日，重現小林村未受風災重創前的面貌。接著請掃描左方的 QRcode，參考影片中的說明，在適當位置製作一個當時獻肚山崩塌下來時，曾經一度阻塞河川，形成一個堰塞湖的堤防（如圖4-5）。

提示：關於堰塞湖的堤防，需要在同一個位置製作兩次長方形，一個海拔高度設定為「相對於地面」零公尺，且不要勾選「兩側向地面延伸」；另一個的海拔高度設定為「絕對高度」零公尺。

圖 4-5　小林村堰堤

小林村

新增路徑——測量單位

測量單位視窗內可以提供繪製的路徑長度，同樣也有多達十一種不同的單位可供選擇，這個功能也可以在快速功能鍵「尺規」的「路徑」中找到。

新增路徑——剖面圖應用

「新增路徑」功能還有個非常好用的大招，就是利用「路徑」畫剖面圖。

宜蘭平原屬於沖積扇地形，若想要表現出地形剖面，可以運用「新增路徑」在沖積扇的適當位置，畫一條路徑當作剖面線，接著從側欄的位置視窗中，在新增的路徑資料上以右鍵點選，會跳出一個功能視窗，其中一項是「顯示高度剖面」的選項（圖4-6），點選後，主視窗就會跳出這條剖面線下的地形剖面樣貌。

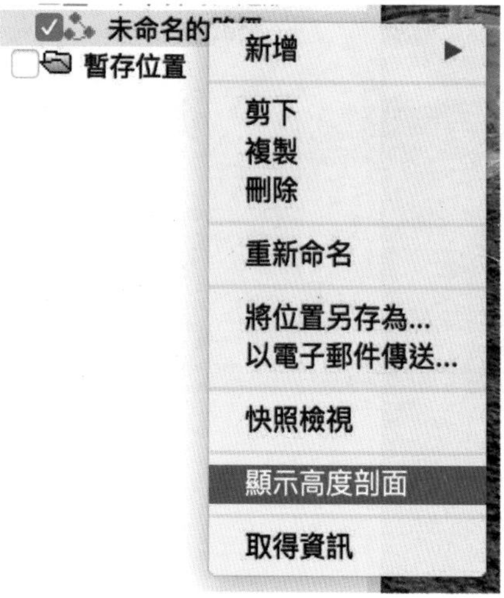

圖 4-6 路徑剖面視窗，點選「顯示高度剖面」後會自動畫出沿線剖面圖

將游標在剖面視窗中移動，將會出現一條跟隨滑鼠游標移動的垂直線，這條垂直線上會出現三種資訊，一個是垂直線與剖面線相交處的海拔高度，一個是垂直線與剖面線

相交處的坡度百分比，最後一個是垂直線與第一點間的水平距離。當滑鼠游標移動時，不僅垂直線跟著移動，相對應垂直線在主視窗的剖面線上，會出現一個向下的紅色箭頭（圖 4-7），也會跟著游標和垂直線一起移動，垂直線上的海拔高度、坡度百分比和水平距離三種資訊，會一併出現在紅色箭頭旁。

剖面圖的顯示邏輯，一律是從畫面的左邊到右邊，因此繪製剖面線時，最好是從主視窗畫面的左邊按下第一點，再到右邊按第二點，好處是當游標在剖面圖上移動時，垂直線和剖面線上的紅色箭頭會以同方向同步移動，顯示觀察時，比較符合大腦的直覺思考。

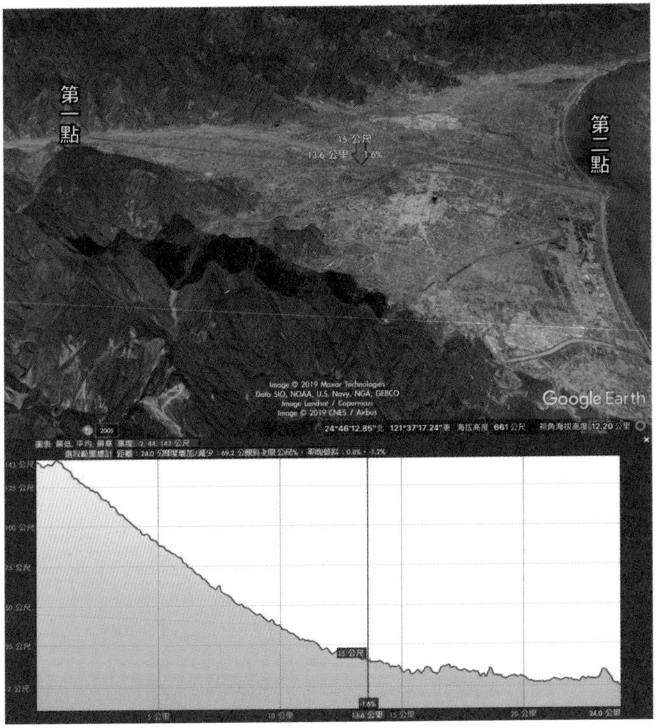

圖 4-7 剖面圖的應用

試試看

宜蘭平原屬於聯合沖積扇地形，蘭陽溪是最主要的河川，請從宜蘭沖積扇的扇頂開始，沿著蘭陽溪畫一條直線，並且製作一張剖面圖。接著請參考 QR code 的影片資訊，畫出低溼區、湧泉區和沖積扇頂，並加上各區的注解。

前進噶瑪蘭

新增路徑——飛覽鏡頭的調整

「新增路徑」還有一個有趣的用法，就是可以拿來指定飛覽路徑。「新增路徑」後，位置欄位會出現「未命名的路徑」，同時右下方會跳出一個新按鈕（圖4-8），此按鈕能夠「播放遊覽」，點選後主視窗左下角將會出現操作小視窗（圖4-9），左邊三個按鈕分別是，快速後退、播放和快速前進，右邊兩個按鈕分別是循環播放和儲存。點選儲存按鈕後，會開啟「遊覽」功能視窗，可以更改名稱，若不更改則內定為未命名的路徑，也可以在「檢視」視窗中設定特定視角，最後點選右下角的「確定」。此時，「位置」欄位中就會出現一個新的「遊覽」資料，同時欄位下方原來的「播放遊覽」，將會變成一個攝影機的圖示（圖4-10）。

點選「播放遊覽」後，飛覽會在三秒後（預設值）開始，雖然基本上是朝著路徑前進的方向進行，但依然可以在飛覽的任何時刻，用滑鼠按壓主視窗右上角的「可視方向調整圓鈕」（圖4-11），只要按壓這兩個圓鈕不放並微微移動滑鼠，就可以一邊進行飛覽，一邊進行環視。最上方的圓鈕控制俯仰視角，圓鈕外環可以控制水平三百六十度的旋轉視角，外環上有一個N的標示，意味著北方，點按標示N時，可以立即將視角回正到以上方為北的方向；第二個圓鈕控制視角的水平方向橫移，圓鈕下方的垂直拉桿則是操控視角的放大與縮小。

視角的放大縮小控制，也可以把游標放在畫面的任何一處，然後按著滑鼠右鍵不放，會出現一個小的黑色圓圈，接著游標朝小黑圈的上、下方移動，就可以看到拉近、推遠的效果（另一種方法則是轉動滑鼠的中央滾輪，也能達到拉近、推遠的效果）。但游標若朝著小黑圈的左、右方向移動，就可以看到視角水平旋轉，而且拉近、推遠與水平旋轉的效果可以同

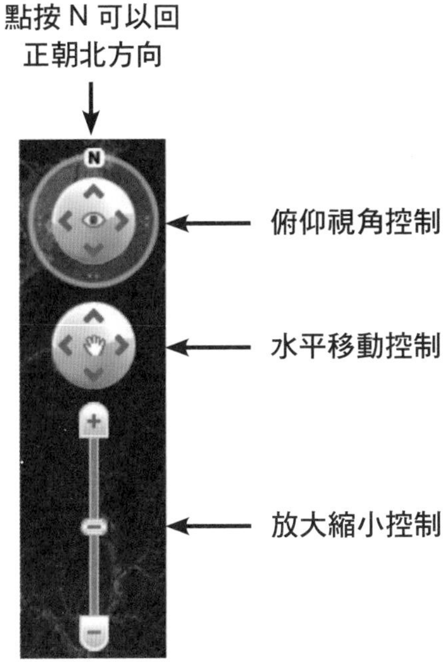

圖 4-11 視角控制按鈕

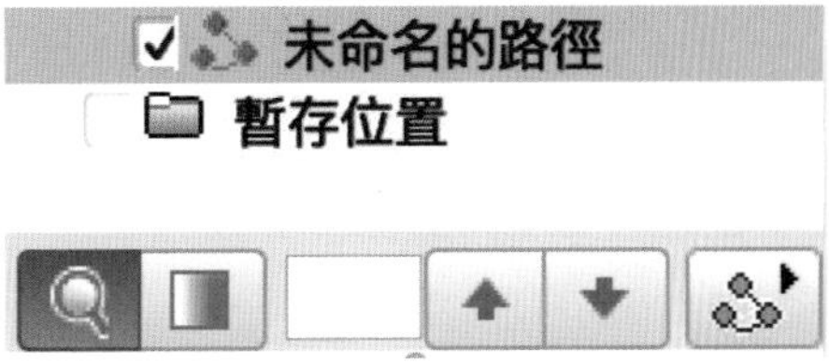

圖 4-8 路徑遊覽右方按鈕能進行播放遊覽

圖 4-9 點選播放遊覽後會跳出的操作小視窗

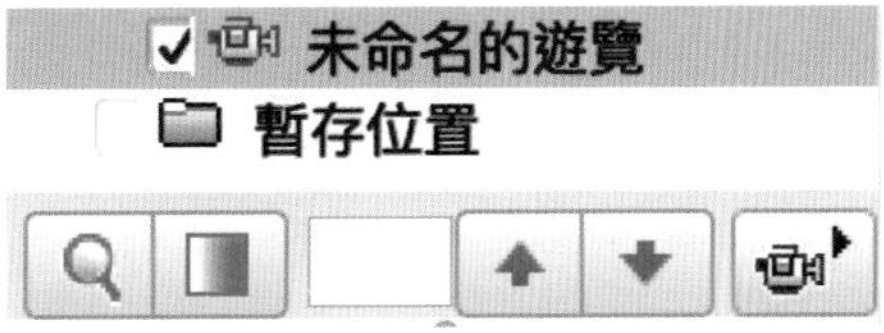

圖 4-10 播放遊覽會變成攝影機的圖示

時發生。

飛覽進行幾次後可能會覺得不太順手，例如飛太慢、視角太斜、離地面太近等問題。若要修正，必須開啟 Google Earth 的偏好設定，裡面共有五個分項，包括3D檢視、快取、遊覽、導覽和一般，要調整飛覽進行，就需要調整「偏好設定」（Windows 系統稱為「Google 地球選項」）中的遊覽視窗。如何打開偏好設定呢？若是在 Mac 系統，請點選左上方「Google Earth Pro」下拉功能視窗的「偏好設定」；若是 Windows 系統，則點選上方「工具」下拉視窗中的「選項……」。

若是調整一條單一路徑的飛覽時，更動「偏好設定」視窗內的第二個子視窗即可，也就是「從路線建立遊覽時」。

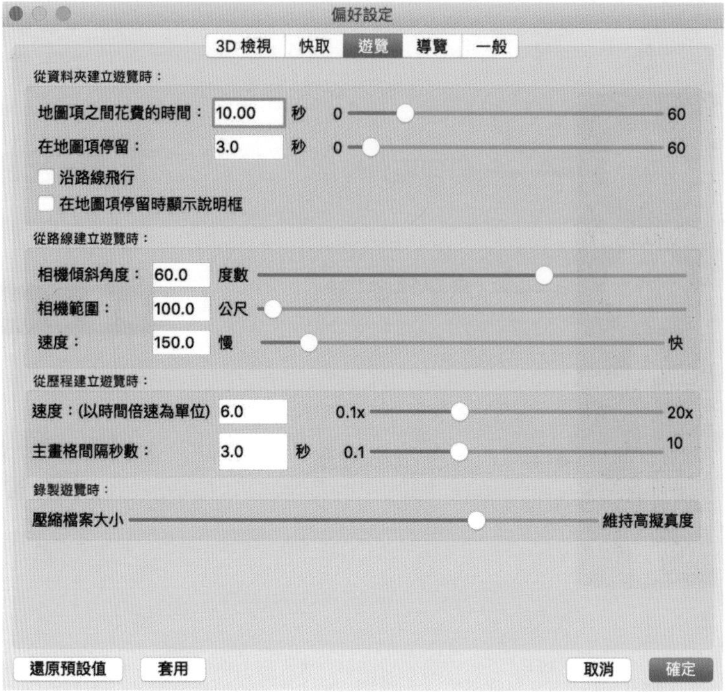

圖 4-12 遊覽的偏好設定：Mac 電腦系統的快捷鍵為「command」＋「,」；Windows 系統則是在「工具」項目的「選項……」且沒有快捷鍵

第二個子視窗中的第一個調整項目是「相機傾斜角度」，數值從0到89，設定為0時，意味著以垂直視角向下俯視，有如轟炸機投彈手的視角；設定為89時，意味著以幾近水平的視角平視前方，就像飛行員目視前方的視角。

第二個調整項目是「相機範圍」，相機範圍的數值從最小的10到最大的5000，意味著相機距離飛行路徑從10公尺到5000公尺，若是飛行路徑在海拔數百公尺，相機範圍設定為10，等於貼著路徑飛行，但由於路徑在數百公尺高，因此視野還算開闊；若是飛行路徑未經調整，內定的路線就是浮貼在地面上，此時相機範圍設定為10，結果將會像是把臉貼著地面飛行。

第三個調整項目是「速度」，速度的數值從最小的50到最大的1000，Google Earth 並未設定單位，所以無法解讀成每小時前進五十公里，但實際操作時，感覺接近每小時前進五十公里，總之，數值愈小，飛覽速度愈慢，數值愈大，飛覽速度愈快。

單一的飛行路徑雖然簡單明瞭，但必然無法呈現更多、更複雜的故事，這個時候就可以集合若干條飛覽路徑在一個資料夾內，而這個資料夾必須位於「位置」欄位內。資料夾內每一條單一飛覽路徑的調整，由上面所敘述，從偏好設定中遊覽項目下的第二個項目來控制。但是包含好多條飛覽路徑的整個資料夾，就要由偏好設定中遊覽項目下的第一個項目來控制。

遊覽項目下的第一個視窗稱為「從資料夾建立遊覽時」，包含了四個調整控制項目，分別是「地圖項之間花費的時間」、「在地圖項停留」的時間、「沿路線飛行」和「在地圖項停留時顯示說明框」。

第一個調整項目是「地圖項之間花費的時間」，資料夾中一項一項的資料稱為「地圖項」，如果要讓資料夾中的飛行路徑（都是地圖項）連續播放，只需點擊資料夾，並且點選「位置」欄位下方的播放按鈕（此時按鈕圖示變成檔案夾），資料夾中的所有地圖項都會由上至下、一個接著一個播放。「地圖項之間花費的時間」控制的是每一個地圖項播放完畢後，跳到播放下一個地圖項間的停留、等待時間，如果想讓地圖項一氣呵成地連續播放，中間不要有停留、等待的空檔，可以把「地圖項之間花費的時間」直接調整為0，此時從一個地圖項到下一個地圖項之間會有如「瞬移」；如果將時間調整為2秒，從一個地圖項到下一個地圖項之間就有兩秒的「滑順轉場」。

第二個調整項目是「在地圖項停留」的時間，這個時間是指 Google Earth 在導覽中每個地圖項停留的秒數，和第一個時間調整差在哪裡呢？假設有A、B兩個地圖項，第一個時間調整是更動從A轉換到B所花的時間，第二調整則是開始播放A或B地圖項「之前」，停留在A或B上花費的時間。這個設定通常會伴隨著想對該地圖項做些全貌展示和文字的說明，若有這個需求，就要配合第四個調整項目——在地圖項停留時顯示說明框，顧名思義，若是建立地圖項時，有在說明視窗中輸入文字，就可以在此處第二項「在地圖項停留」的時間調整為數秒鐘，至於多少秒就要視文字量的多寡決定。

第三個調整項目是「沿路線飛行」，勾選後飛覽會沿著路徑方向前進，意味著當路徑是彎來彎去的曲線時，飛覽方向也會隨著彎曲路徑轉向，不過這個曲線的彎曲程度不可太過緊湊。

當一切調整都符合個人需求後，還剩一件奇怪的事，就是沿著路徑飛覽時，總會看到畫面中有一條線向遠方延伸，感覺非常不美觀，此時只要將游標放在地圖項上並按右鍵，隨即打開目錄視窗，Mac 系統點選「取得資訊」，Windows 系統點選「內容」，「路徑」的編輯視窗就會開啟；接著點選「樣式、色彩」，並把線條的透明度改為1，這時就會發現飛覽路徑「消失」了，再次執行飛覽後，整個畫面就能賞心悅目許多。

試試看

秀姑巒溪以泛舟活動聞名，沿溪可看到各種地形，請從池上附近的秀姑巒溪上游開始，沿著河道一路往下游飛覽，直到河口的長虹橋為止。飛覽路徑上請註明下列幾種地形：改向河、襲奪灣、河階和襲奪河。

3D控制器

運用「路徑」建立飛覽的路線，最大的好處就是無需額外花錢增添設備，但如果願意，購買一個3D控制器會是一項不錯的投資。3Dconnexion 公司生產的3D滑鼠（控制器）有六個自由度，用來控制在 Google Earth 中的視角移動，非常直覺且簡單，只需推、拉、扭轉或傾斜 3Dconnexion 控制器轉鈕，即可直觀地平移、縮放和旋轉地圖場景，使用幾分鐘後，任何人都能有如意念延伸般操控視角。

圖 4-13　3Dconnexion 公司生產的 3D 滑鼠

第五章

面資料的應用

「新增多邊形」功能可以視為面資料，呈現方式並非僅標注一個區域的名稱與特性，實際運用上還可以有許多延伸。

新增多邊形——說明

「新增多邊形」內有五個主要設定，分別是「說明」、「樣式、色彩」、「檢視」、「海拔高度」和「測量單位」。

「說明」項目下可以在多邊形資料內增加文字說明、超連結、圖片等訊息，這部分應用和「新增地標」相同。

新增多邊形——樣式、色彩

新增多邊形的「樣式、色彩」調整的是「線條」和「區域」，線條是指多邊形的外框線條，區域是指多邊形各面的範圍，為何會有「各面」呢？當我們調整增加多邊形的海拔高度並向地面延伸時，多邊形就會變成多面體，於是自然就會有「各面」了。

調整多邊形或多面體的色彩共有三種選項，第一種是「填入」，表示在色彩欄位選擇什麼顏色，多邊形或多面體就會填入什麼顏色；第二種是「描繪外框」，表示僅描繪出多邊形或多面體的外框線條，其餘多邊形或多面體的面或體，統統都是透明或空白；第三種是「填滿＋描繪外框」，也就是第一種和第二種的合體。

在實際應用上，無論是多邊形或多面體，設定色彩為「填入」，選定適當或個人喜好的色彩後，再調整色彩的透明度在五〇％左右，這樣得到的視覺效果最為「討喜」；當然，也可以嘗試各種組合方式，找出更有個人品味的資料呈現方式。

新增多邊形——檢視

「檢視」功能可以指定「新增多邊形」的特定視角和特定的檢視時間或時間區間。與新增地標一樣，為了特定目的或美感，可以先調整自己認為觀看某多邊形或多邊體最適合的角度與高度，接著在「檢視」項目點選「擷取目前畫面」，程式就會自動調整經緯度、範圍、朝向和傾斜。

新增多邊形——海拔高度

新增多邊形的「海拔高度」功能如同新增地標，高度的設定分為貼近地面、貼近海床、相對於地面、相對於海床和絕對高度。

在實務上，新增多邊形在海拔高度的使用，大多是用「貼近地面」的選項，無論是否勾選「兩側向地面延伸」，海拔高度的視窗下方都會多出一個「繪製順序」欄位，功能為設定多邊形圖像疊加層的繪製順序，編號設定較高的會覆蓋較低的疊加層。這種功能有什麼用處呢？舉例來說，用多邊形畫統計地圖，先畫一個正方形，然後調整正方形的海拔高度，這個高度可以代表人口數量、學生人數、犯罪率、交通事故總數等，接著設定多邊形為「兩側向地面延伸」，再調整色彩和透明度，以及適當的繪製順序。處理完成後，點選側欄「位置」裡剛剛建立的多邊形資料，接著複製、貼上，並調整剛貼上的新資料，設定不同的海拔高度、色彩、透明度和設定圖像編號順序大於前一個正方形，如此一來就可以看到同一個立體正方形柱狀體，分別有不同顏色的兩層，層與層之間的界線清楚可見，繼續重複這個過程，可以製作出N個層面。雖然可以製作出N個層面，但大腦的辨識處理能力有限，層面太多會造成一定的閱讀困難。另外，若是圖像編號大小順序設定不適當，層與層之間的界線顯示就無法正確呈現。

試試看

請在 Google Earth 上製作一個有三個不同顏色層別的立體正方形柱狀體，最下層請將海拔高度設定為三千公尺，中間層為五千公尺（中間層高度二千公尺），最上層設定為六千公尺（最上層高度一千公尺）。這個立體正方形柱狀體各層顏色自訂，但各層的透明度皆設為五〇%。

圖 5-1 調整多邊形的海拔高度、透明度、排列順序等參數，可以製造統計柱狀堆疊圖的效果

新增多邊形——測量單位

測量單位視窗可以提供繪製的多邊形周長長度和區域面積，而且有多達十一種不同的單位，這項功能也能在快速功能鍵「尺規」的「3D多邊形」中找到。

繪製指示符號

既然是多邊形，除了刻板認知的矩形外，諸如箭頭、城牆、分界線、行政區、氣候區、地形區、國家範圍等資訊，都可以用多邊形來呈現。

例如繪製一個箭頭來表達颱風引入西南氣流，並且吹向高屏溪的上游，找到一個適當的視角，就可以呈現西南氣流進入阿里山與中央山脈之間的型態。如此巨大的箭頭，用新增多邊形的功能來製作最為簡單且優雅。由於是用 Google Earth 內建的功能，因此製作動畫影片時，所有的構建元素都是緊密地跟著 Google Earth 構建的立體衛星影像，比後製影片要來得更加方便、快捷且自然。

圖 5-2　繪製箭頭表達颱風引入西南氣流

試試看

臺灣周遭被黑潮與黑潮支流所環繞，請運用Google Earth 畫出黑潮與黑潮支流環繞臺灣的分布情形（如圖5-3）。

圖 5-3 黑潮與黑潮支流環繞臺灣的分布情形

發揮一點創意，將新增多邊形變成多邊體後，利用多邊體的海拔高度、色彩、透明度的變化，可以將Google Earth 衛星地圖變身為統計地圖。例如將臺北市各行政區用新增多邊形描繪勾畫出來，再將各行政區的人口當作行政區多邊體的海拔高度，如此一來就把多邊體化為一幅「臺北市各行政區人口分布圖」，這種分布圖在分類上稱為「面量圖」（圖5-4）。若是在臺北市各行政區的中心位置畫一個適當的圓形（實際上是一段段的短線段，畫出接近圓形的形狀）或正方形，同樣的，把各行政區人口數量當作圓形或正方形多邊體的海拔高度，這樣就能製作出一幅「臺北市各行政區人口分布圖」的柱狀圖式統計地圖（圖5-5）。

圖 5-4　臺北市統計地圖面量圖

圖 5-5　臺北市統計地圖柱狀圖

試試看

新竹市2019年9月底各區人口統計簡表

區域別	里數	鄰數	戶數	性別	人口數
總計	122	2,175	167,911	計	447,952
				男	220,885
				女	227,067
東區	53	1,020	81,828	計	217,244
				男	106,733
				女	110,511
北區	45	780	58,090	計	152,163
				男	74,291
				女	77,872
香山區	24	375	27,993	計	78,545
				男	39,861
				女	38,684

從新竹市政府民政處可以查到二〇一九年九月底各區人口統計，請在 Google Earth 上製作東區、北區、香山區三處的立體柱狀、面量統計地圖。

升高海平面

高中國文教材裡有收錄郁永河所寫的《裨海紀遊》，因此多數人都聽過康熙年間有個臺北湖，但當年可沒有照相機，關於臺北湖的存在總是少了一個鐵證。如果真的存在，它會是什麼樣貌呢？我們可以運用 Google Earth 的多邊形功能，試著虛擬重現三百多年前的臺北湖。

首先先用「多邊形」功能在臺北盆地及淡水河口圈出一個適當的範圍（圖5-6），接著調整「樣式、色彩」的區域，色彩選擇「填入」，透明度設定為五〇％；下一步調整「海拔高度」，選擇「絕對高度」

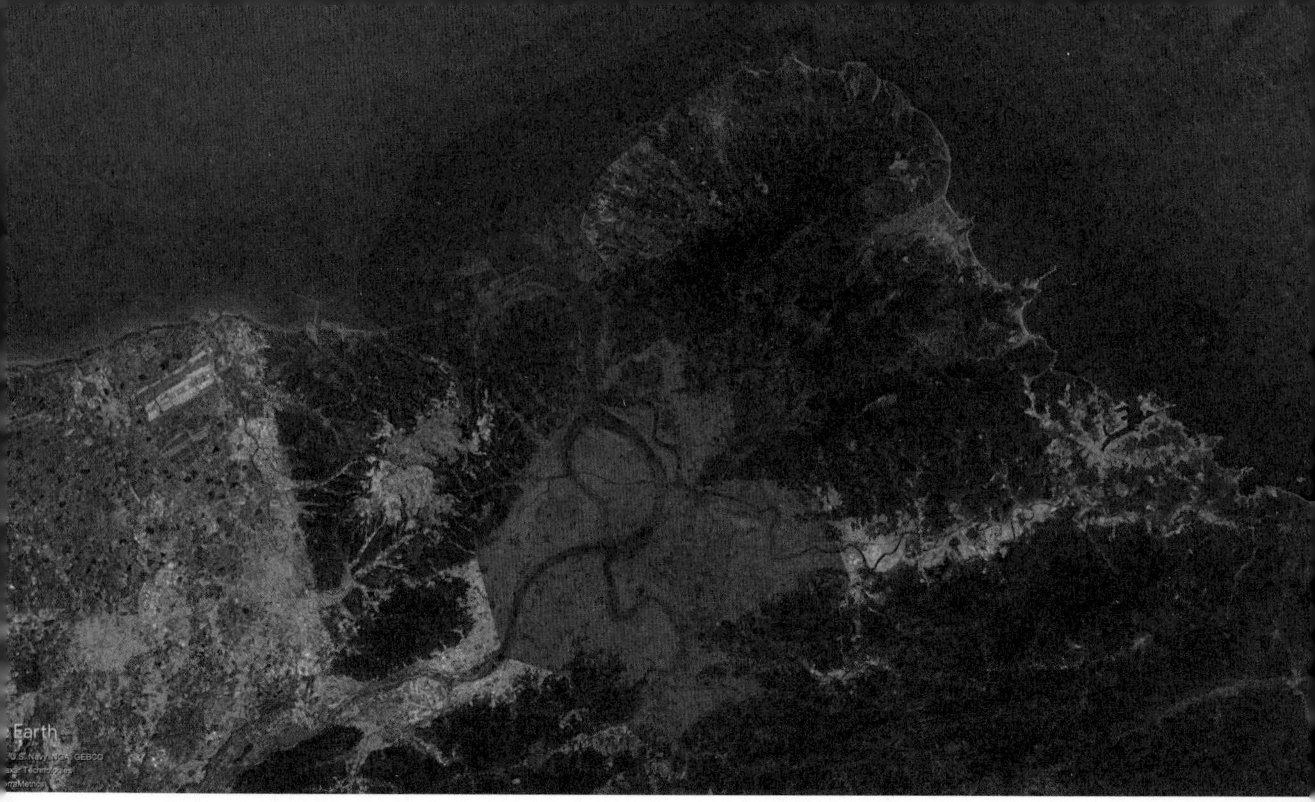

圖 5-6 用多邊形功能畫出一個覆蓋臺北盆地及淡水河口的多邊形

並設定為十五公尺。在這個絕對高度下的臺北湖範圍包括關渡平原、社子島和北投，設想三百多年前郁永河從福州出發，陸路行進廈門，再從廈門搭船渡海，途經金門、澎湖到鹿耳門，在臺南尋找嚮導和補給，繼而乘坐牛車一路到八里，再從八里划平埔族人的獨木舟抵達對岸的淡水；休息幾天後，繼續搭乘舟船從淡水出發，通過甘荅門（今關渡）時，對眼前的廣域水面感到讚嘆。郁永河看到的廣域水面，或許就是我們設定的水面高度所形成的湖面範圍，當然也可能更大或更小，讀者可以嘗試用不同的絕對高度值來看看湖面範圍的改變。

圖 5-7 絕對高度設定為十五公尺所呈現的臺北湖範圍（二重疏洪道在三百多年前並不存在）

漢人在臺北盆地最早建立的聚落是艋舺，艋舺是清世宗雍正元年（一七二三年），閩南泉州三邑之泉安、南安、惠安人士渡海來臺，一開始僅有茅草屋數棟，慢慢形成小村落。可是甘答門一進來就是關渡平原，為什麼當初先民們不在關渡開墾農地、建立聚落，卻要深入盆地內陸到新店溪與淡水河的交會處立足呢？畢竟愈深入臺北盆地，愈會受到原住民侵擾，甚至有被殺害的風險，若是一入甘答門就有豐美的關渡平原等在那裡，實在沒道理捨棄關渡平原，選擇冒險深入盆地。

康熙臺北湖的形成據說是在一六九四年因大地震出現，

艋舺的建立是一七二三年，中間相距僅二十九年，或許第一批開發艋舺的先民，當時看到關渡、社子、北投等地的面貌，已經和二十九年前的臺北湖景觀不同，畢竟巨大地震引發的土壤液化，進而形成的淺水湖泊，隨著時間消逝，應該很難持續多年，但縱然湖水慢慢消退，已經不是一片水域廣闊之境，留下來的恐怕也是沼澤遍地、難以開墾的環境。

從臺北湖的出現、消長來看艋舺聚落位置的選定，似乎在邏輯上就有些道理了。

第六章
圖像疊加

「新增圖像疊加層」功能可以視為衛星影像的補充資料，Google Earth 的衛星影像大多是近幾年的資料，若想了解幾百年前的土地利用變化、市鎮的發展趨勢、河道變化的情形等，就需要拿早期的地圖套疊在現有的衛星影像上，並且運用上下疊圖對照，可以精準且科學地解讀某區域的人文或自然變遷。

臺灣百年歷史地圖

臺灣百年歷史地圖是中央研究院人文社會科學研究中心「地圖與遙測數位典藏計畫」，累積全臺灣大量的地圖資料，並結合 Google 地圖介面，建立起來的現代地圖網站服務。內容包含全臺灣的古地圖，以及再細分的臺北、臺中、臺南、高雄、基隆、淡水、新北、彰化、嘉義、花蓮和桃園等城市的古地圖資料。

臺灣百年歷史地圖多屬地形圖，記載了豐富的地形起伏、河道變遷等自然地理資訊，以及道路、鐵路、水圳等人文地理資訊，這是國土資源調查、區域發展規劃、登山路徑計畫等重要參考資料。過去要做地圖研究非常耗時又費力，因為紙本地圖不但面積大，而且數量多，更難的是不同比例尺地圖間要進行比對時，更是磨人的繁複過程。但經過數位化且加上特定座標系統的電子地圖，運用軟體可以很容易地將一整套地圖拼接成單一圖層，如此一來，無論是放大、縮小、宏觀、微觀，在使用上都無比方便。

除了單一圖層在使用上極為便利外，臺灣百年歷史地圖系統還可以讓使用者任意選取二至三個圖層進行套疊，並各自調整不同透明度，能輕易進行不同時期間地圖的套疊與比對作業，掌握臺灣各城市百年來環境變遷的基本資訊。

臺灣百年歷史地圖——圖層

臺灣百年歷史地圖的功能操作都集中在側欄，包括「空間查詢」、「圖層」、「測量」、「設定」、「說明」。對於套疊地圖而言，圖層是最重要的功能區塊，打開圖層視窗，只需點選「圖層」橫幅即可，視窗打開後，上緣有「一般」、「使用者」和「線上數化」三個分項。在「一般」中可以看到十幅地圖列表，這僅僅是第一頁，十幅地圖列表的下方有數字顯示，若顯示為1/8，代表共有八頁，現在顯示的是第一頁。1/8的右側還有一個數字選項，分別是10、20、30三種，表示可選擇一次顯示多少個地圖列表，再往右側則顯示共有多少筆地圖資料，以臺灣百年歷史地圖為例，共有七十九筆。

線上數化與疊圖——臺北城

圖層視窗內的「線上數化」功能對疊圖非常重要，打開線上數化視窗後，顯示出可使用的數化按鈕，分別是點、線及面資料的建立。

假設要在 Google Earth 的衛星影像上，找出清朝時期建造臺北古城的位置，該怎麼做呢？首先，打開在百年歷史地圖內的「圖層」視窗，在「一般」分項視窗內第一頁的第三項，點選「日治二萬分之一臺灣堡圖」，這份堡圖建立於一八九八年，由於日本是在一八九五年占據臺灣，所以一八九五年的堡圖仍然可以看到臺北城城牆剛被拆除、護城河才被填平的樣貌。

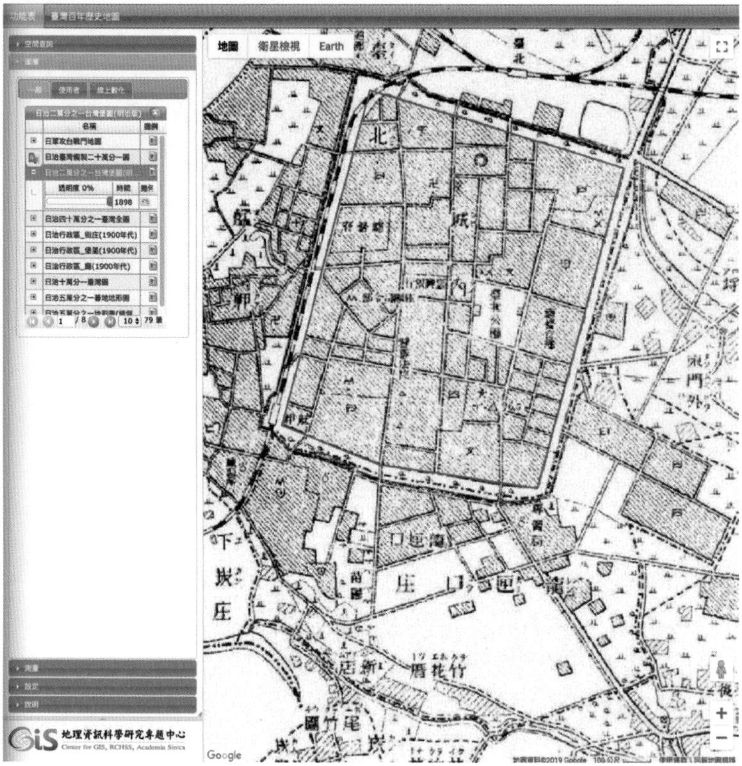

圖 6-1　臺北古城

點選「線上數化」標籤，打開「線上數化」視窗後，選擇畫線按鈕，此時會跳出視窗「設定名稱」，內定的名稱是「Line」，名稱改與不改皆可；接著用十字游標描出臺北古城的邊界，點擊第一個點時畫線功能就會終止，如果畫的線不會連回第一個點，又要終止畫線功能時，只需連點兩下滑鼠左鍵即可。

如果只想要在 Google Earth 的衛星影像上畫出臺北古城的位置，直接點選「線上數化」視窗上的「KML」按鈕，按下後會立刻在瀏覽器左下方產生一個KML檔案，名稱是「Output_xxxxxxx_xxx.kml」，點擊檔案後，Google Earth 會自動開啟執行，並自動輸入KML檔案，輸入的KML檔案放在側欄「位置」的「暫存位置」下方，如果想要保存檔案，記得將它從「暫存位置」中，用滑鼠拖曳到「位置」的「我的地點」目錄中。

圖 6-2　從「日治二萬分之一臺灣堡圖」中轉繪過來的臺北古城邊界

有了這條從「日治二萬分之一臺灣堡圖」中轉繪過來的臺北古城邊界（圖 6-2），我們就可以輕易且更形象化地把臺北古城的城牆邊界，用「新增多邊形」的技巧，將城牆意象地表達出來，為了視覺效果，城牆高度會誇飾處理。這種有「厚度」的城牆是如何製作出來的呢？參照圖 6-4，依照順序點出第一點、第二點……第十點，接著繼續調整色彩、透明度、海拔高度……大功告成！

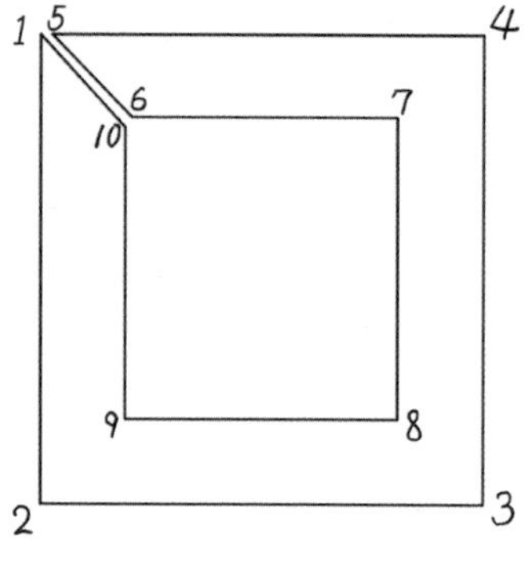

圖 6-4 製作「厚度」城牆的點擊順序

圖 6-3 有「厚度」城牆的臺北古城

還有一個好處，我們可以直接螢幕截圖，把「日治二萬分之一臺灣堡圖」中的部分截取下來，再用「新增圖像疊加層」，疊加在 Google Earth 的衛星影像上。疊加上去的臺灣堡圖幾乎占滿了整個螢幕，和下層的衛星影像完全對不起來，此時調整疊加層視窗中的「清晰度」，將疊加進來的臺灣堡圖調整到半透明再多一點，利用臺灣堡圖上的臺北古城外框對齊衛星影像上剛輸入的臺北古城KML，這個過程需要一些耐心與細心，但有了上下兩個方框的協助，疊圖過程會變得更加容易。

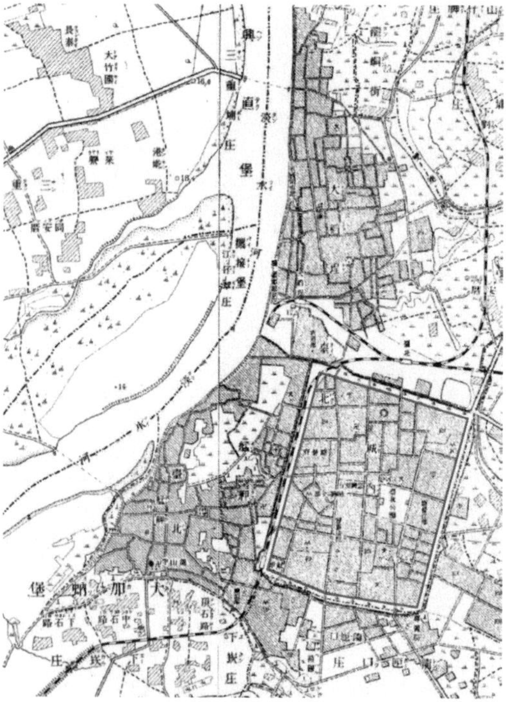

圖 6-5 臺北古城的螢幕截圖

調整疊圖的方法很簡單，點擊拖移疊圖的四個角，就可以放大、縮小，甚至變形；點擊疊圖四邊的中點，則是平行擠壓疊圖；點擊疊圖的正中心十字，可以平移整張疊圖；點擊疊圖一邊的小菱形，則是整張疊圖三百六十度旋轉。

有了一張古地圖，並且精準地疊圖在Google Earth的衛星影像上，我們就可以將各種地理資訊轉繪成漂亮的立體多邊體，再加上文字註解、配樂，就能製作一支不錯的動態影片（請參考左方的QRcode）。

回溯臺北古城影片

圖 6-6 臺北古城的疊加層

試試看

一、用網路查詢「臺北市百年歷史地圖」網頁，或是從「臺灣百年地圖」網頁導入，進入網頁後請點選圖層，進一步點選一八九七年的「日據初期臺北市街圖」，根據此圖畫出臺北城的城牆、護城河、街道，再將這些資訊存成KML，並轉到 Google Earth 中。

二、打開一八九七年的「日據初期臺北市街圖」：

- **城內南北向的街道有哪兩種方向？**

答：兩種，一種朝北，另一種朝北偏東十七度。

- **當年圖上的考棚是為何而建？**

答：方便臺北地區的考生參加科舉考試，免除千里迢迢地到臺南府城。

- **臺北南北向的城牆均為北偏東十七度，這是為了朝向臺北盆地周圍的哪一座山？**

答：七星山。

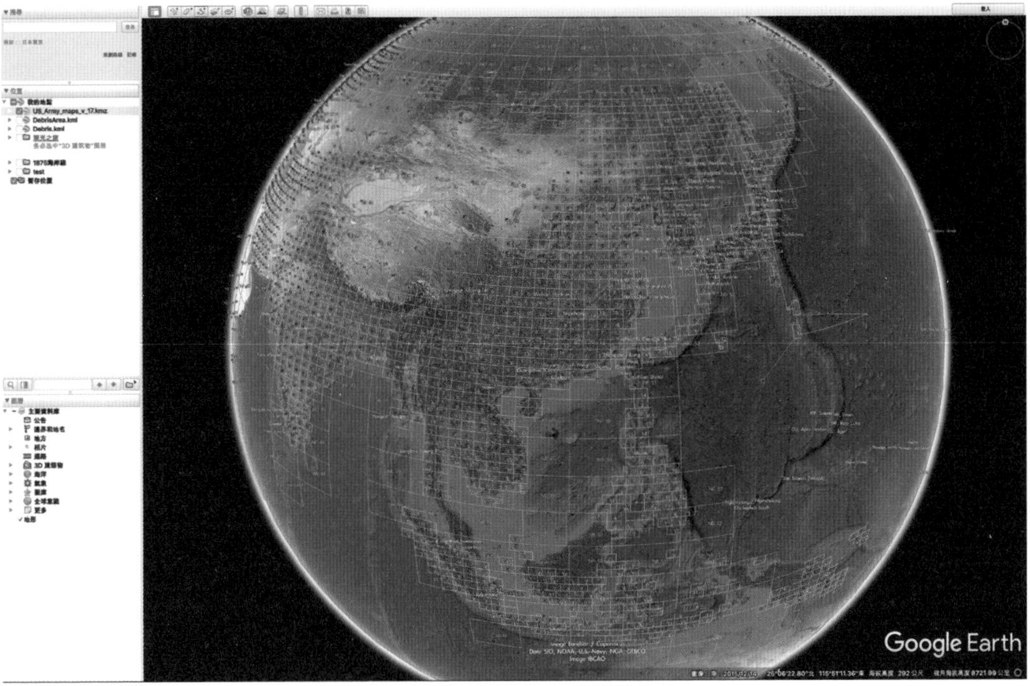

圖 6-7 美軍地圖

美軍地圖

既然疊圖對照可以精準、科學地解讀某區域的人文或自然變遷，那麼世界各地儲存了大量的歷史地圖，就像一座座人類的記憶寶庫，不多加利用還真是可惜呀！若要說到資料完整性，美軍在二戰時建立的軍用地圖，可以說是無人出其左右，除了南美洲、澳洲、英國、阿拉伯半島等地區外，世界上的大部分地區都進入了這份軍用地圖，更讓人開心的是，可以免費使用二十五萬分之一的地圖，而且能夠套用在 Google Earth 上，使用起來非常便利。不過，若要更大的比例尺，很抱歉，那就得付費了。雖然如此，二十五萬分之一也是足以讓人大開眼界，大範圍地理解一甲子以前這個世界與現在相比有何不同。

Google 搜尋「us army maps 17 kmz」就可以找到這份地圖的下載點，搜尋結果中有一條是「US_Army_maps_v_17.kmz」，點擊它就會直接下載kmz檔案；下載完畢後，點擊 kmz 檔就會跳到 Google Earth 程式中，並且看到「US_Army_maps_v_17.kmz」出現在「我的位置」。接著勾選「US_Army_maps_v_17.kmz」，你會看到整顆地球出現一條又一條的網格線，每條網格線就是一幅美軍地圖，想要打開任何一幅，只需放大任一方格，直到出現一組數字和一個小方塊，點擊小方塊會開啟一個小視窗，視窗中有說明和一個「map」超連結，點擊超連結就可以打開相對應的美軍地圖。

一九四九年的高雄

調閱美軍地圖中的高雄，我們會發現「高雄市」在日本歸還臺灣給中華民國時，城市範圍似乎比想像中小很多，畢竟當時全臺灣大約六百萬人，而當年高雄隸屬臺南州，人口僅約十五萬人。題外話，關於二二八事件中到底死了多少臺灣人，一直有各種看法，數字最高的有到二十萬人，若真是死了二十萬人，把當年臺南州的人全殺光了都還不夠。

為了讓對比清楚呈現，利用 Google Earth 的疊圖功能，將一九四九年的美軍地圖，疊圖在現今的衛星影像上，並將一九四九年的城市範圍描繪出來，再加上高度和半透明，清晰的對比就能一目瞭然。一九四九年的高雄城市發展僅有今日的鹽埕區、前金區，而現在苓雅

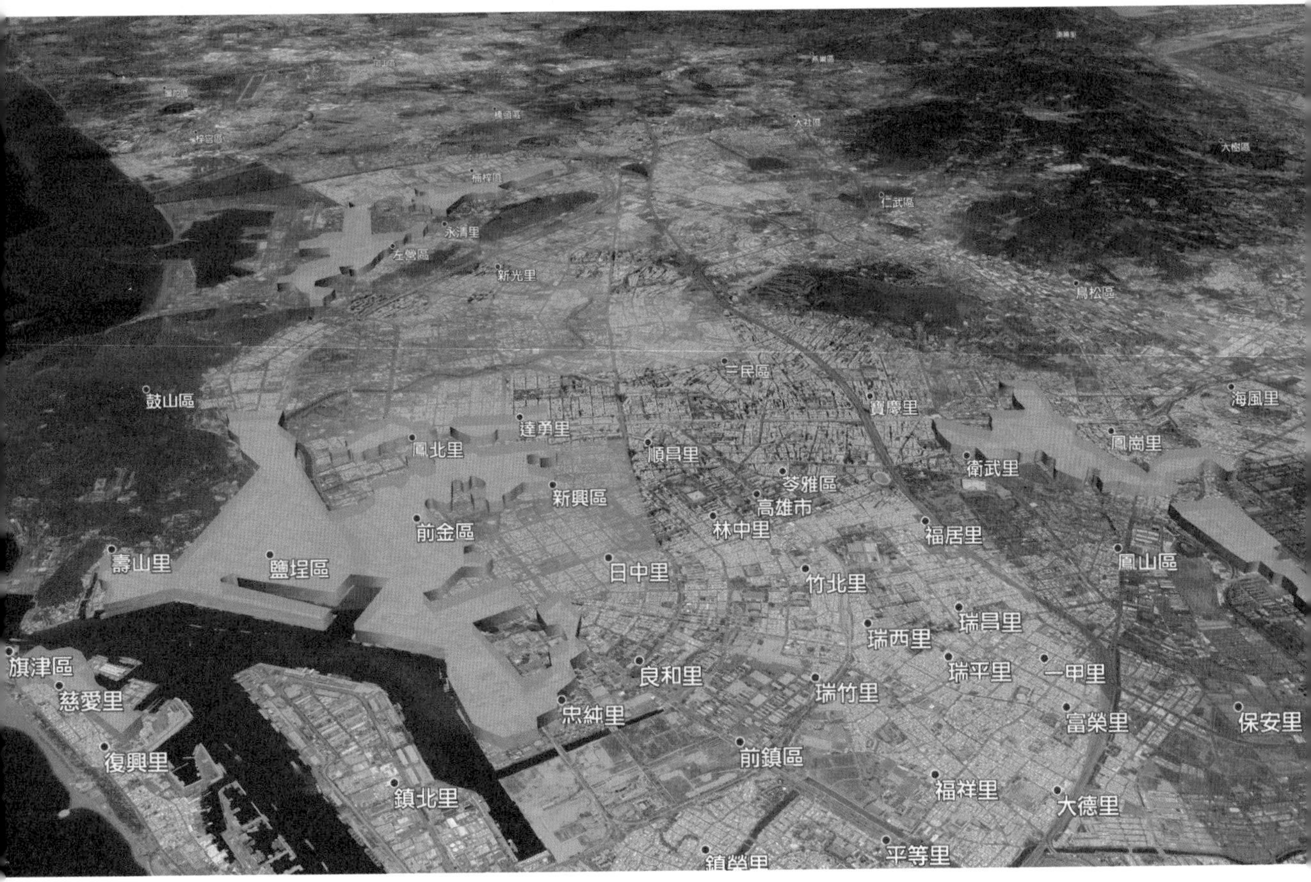

圖 6-8　一九四九年的高雄

區、前鎮區當年還只是「鄉下」，北邊則有左營區和楠梓區的衛星小鎮，東邊有現名鳳山區的衛星市鎮。在衛星市鎮與高雄市之間地則是一片田野，一九四九年後一直隨著城市發展擴大，高雄市與周遭的衛星城鎮才逐漸地串連起來形成大型都市。

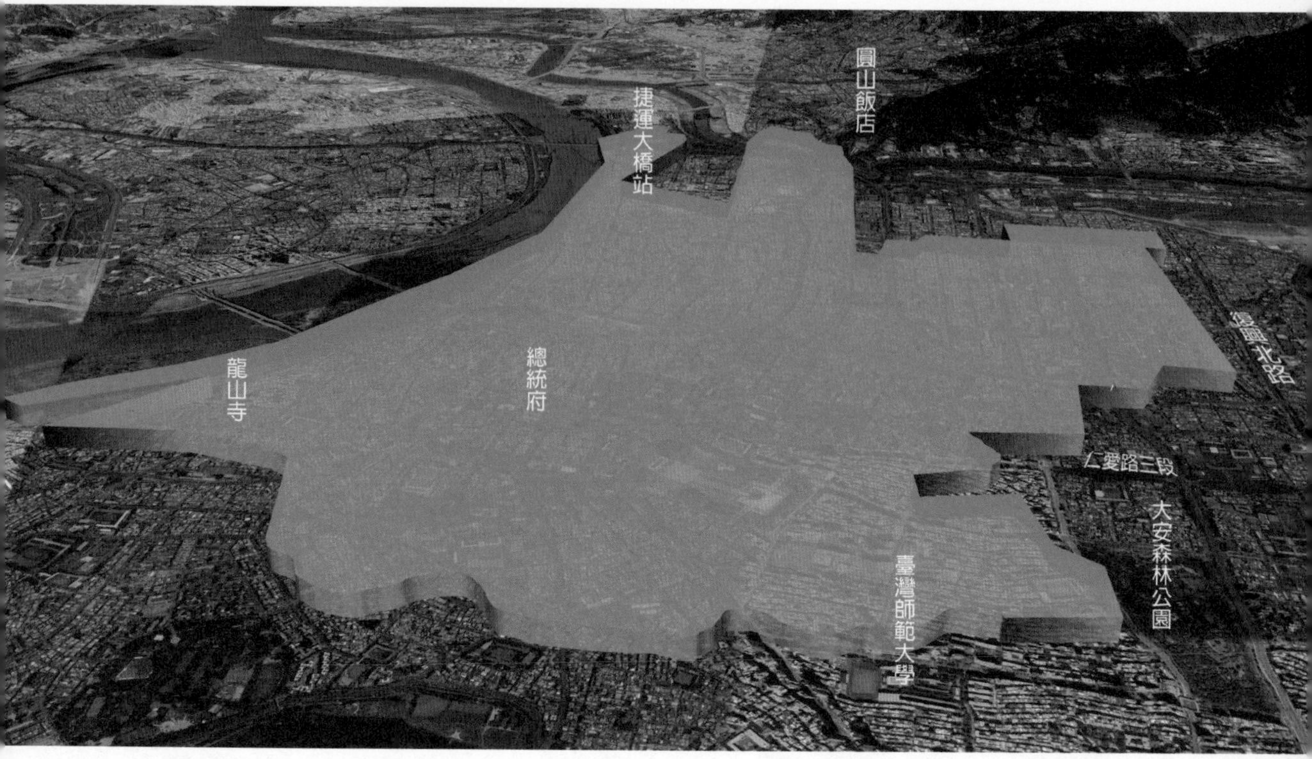

圖 6-9　一九四九年的臺北

一九四九年的臺北

同樣的方法用在一九四九年的臺北州上，當時臺北州人口約三十八萬。當年的萬華僅有內江街到廣州街之間的區域，屬於人口、屋宇密集的區塊，龍山寺以南則多為連綿農田，以及散落在田間的房舍，一眼望去流露出一派鄉村氣息。一九四九年，城市南緣大約在今日的和平東、西路，沿著和平東路（當年的城市邊緣）而行，走到和平東路一段時，最醒目的建築就是今日的臺灣師範大學，它的前身是特別為日人在臺子女而建的臺北高等學校，臺北高校在一九二六年遷移至古亭町，想當年這所學校根本是在城市南緣的郊區呢！而今日師大附近則是房價高昂的蛋黃區。

現今的大安森林公園在一九四九年當然不存在，當時那裡是零星農地和大片荒野；一九四二年完工的特一號排水溝（又稱崛川），從城市東南一側的邊緣溜過，隨著二戰結束，國民政府播遷來臺，臺北市人口開始劇增，大安森林公園過去曾聚集不少違章建築呢！大約民國五十幾年，我還很小的時候，國父紀念館旁的仁愛路根本不存在，國父紀念館也還沒出現，都是一片荒野雜草，那時還跟著父親在後來成為國父紀念館的土地上種過菜呢！不過當年光復路倒是有，而且是泥土路，光復國小也在。民國六十年，我在光復國小念書時，看到學校旁的建築工地，還以為學校在建新校舍，結果，隔年建築物蓋好時，才知道根本不是新校舍，而是國父紀念館。

臺北市的路名

長沙街、成都路、伊寧街、酒泉街、福州街、泉州街、廈門街……這些涵蓋整個中國的路名都在哪裡呢？它們都是臺北市的街道名稱。

臺灣光復後的一九四七年，建築師鄭定邦奉命為臺北市街道命名，他借鑑上海道路的命名方式，拿出一張中國地圖，把上面的地名依照東西南北的方位，一條一條對應在臺北街道上，所以今天的臺北地圖和上海一樣，都是映照著整個中國。

在上海，你會發現南北向的路大多選用省名，而東西向的路則多選用城市名。例如南北

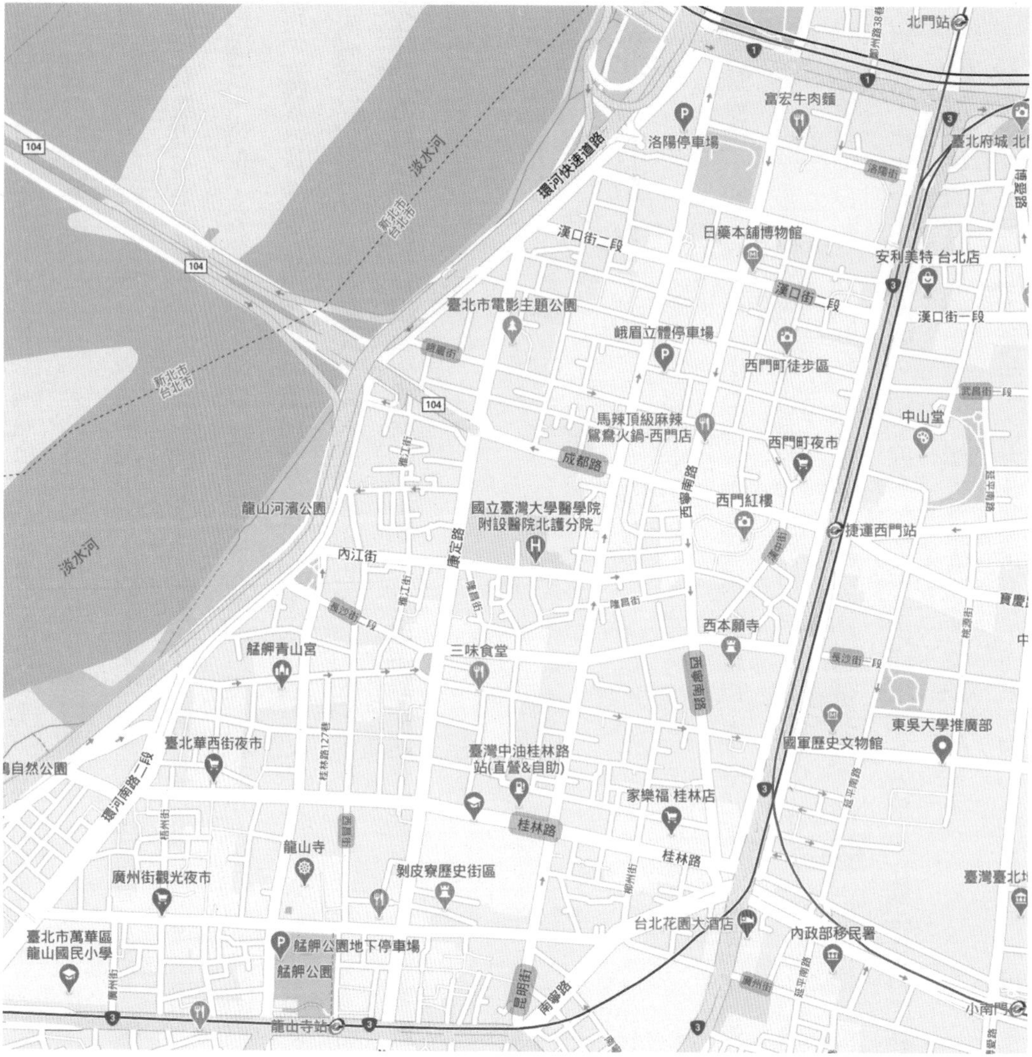

圖 6-10 臺北市街道名，可以在西門町看到許多道路使用中國城市名，諸如洛陽街、漢口街、武昌街、成都路等

向的路，由東向西有四川路、山西路、西藏路；東西向的路，由北向南有北京路、九江路、延安路。通覽全上海市的地圖，你會發現某條路所用的地名，其實暗含著這條路與上海市的方位關係。

一九二七年，中華民國定都南京，頒布《首都計畫》，官方通過南京道路命名案：城南替道路命名的依據是南京舊稱，例如用白下、建康、建鄴等；城中的道路命名以大城市、大河流為依據，例如上海路、廣州路、長江路、珠江路；城北用某個省命名，例如山西路、湖南路等。現在你應該明白，臺北市的路名命名套路仿自上海，而上海的命名又源自南京。

歷史地圖

古代中國的史書寫得令人作嘔，若不是有異於常人之定力與毅力，保證看得頭昏腦脹，一股悶氣充盈胸口，抓狂到想把書給燒了。看看記載帝王歷史的紀，多數語焉不詳，因為一大堆手段骯髒的宮廷鬥爭，史官不知道是不想寫，還是畏懼皇權不敢寫，導致後人看得一頭霧水。例如史書對秦始皇的生平處處遮掩，我們不知道他怎麼度過童年，也不知道有多少兄弟姊妹，就連皇后是誰都不知道，她可是中國第一位皇后耶！史書上竟然不寫，是不是很誇張。

史書中篇幅最多的是人物傳記，但總是千篇一律，該寫的不寫（可能是故意），一些無聊透頂的芝麻小事，寫史者偏偏詳細地娓娓道來，涉及事件真相的關鍵事實，卻又偏偏不告訴你。當然，這世上沒有最糟糕，只有更糟糕，印度人連歷史事件的年代都懶得記錄，讀印度史經常連事件先後都搞不清楚。

歷史還有一個問題，就是缺乏空間感，只能大概想像歷史記載上說的地點，畢竟滄海桑田、物換星移，能找到大約的相對位置已屬盡力。到了近代，歷史地圖突飛猛進，但仍然有一個要命缺陷，就是難以修訂。紙本地圖集哪有辦法時時修正呢？別說時時修正了，就算是十年一修都不容易辦到，為什麼？因為成本太高了。

直到地理資訊系統(GIS)出現後，這些難題才算迎刃而解，運用GIS，只要把海量數據庫建立完善，在介面上輸入任意年分，電腦就會自動生成所需要的地圖，日後只需要在數據庫中修改即可，成本極低。這可以說是一個革命性的轉變，為歷史地理學的研究帶來了無窮活力。GIS甚至擴展了我們對歷史地理史料的運用，例如，過去研究城市的擴展，要嘛找考古資料，要嘛使用歷史地圖，過程中，畫出不同時期的城牆位置還算簡單，但古代很多城市的城牆內還有農地，城牆外仍會看到一些市井的存在，如此一來，城牆位置的確立，並不能看出城市的擴張情形。

復旦大學滿志敏教授認為道路發展可以視為城市擴張的指標，土地開發隨著道路發展，開發後就會起個地名，而各地的地名志就班班可考了。將這些資料輸入GIS數據庫，就能動態地展現一個城市的發展過程與方向。以前沒人想到地名志能這樣使用，GIS技術的出現，擴大了資料的運用範圍。這種影響幾乎是全面性，諸如河道的變遷、海岸的進退、冰河的消融等，過去只能定性描述，論述多情厚而理薄。今日則不同，新技術精準地呈現自然景觀的變化，論述更能有理有據。

不過，歷史地圖在閱讀上也得小心，例如唐代的歷史地圖，常會讓人下意識覺得那是一個幅員遼闊的強盛時代，但實際上所謂盛唐的版圖僅維持幾十年，而且唐代對邊疆地區控制力薄弱的事實，也被地圖上統一的色塊給掩蓋了。話雖如此，若是讀歷史卻不讀地圖，在大量史料囫圇吞棗中，你會失去很多重要信息。讀地圖還有一個好處，就是每到一地都會比別人更有歷史縱深感，擁有大量不同地區的歷史縱深，絕對會讓人見識宏觀，當然也會比別人多一份滄桑感。

美國國家圖書館存有海量資料，其中包括大量的地圖資料庫的範圍遠及五湖四海，涵括全世界。任舉一例，清朝統治臺灣時，福建候補同知李聯琨繪製了一幅《臺灣前後山全圖》，證明了清朝統治下的臺灣並非只知前山（西部）、不知後山（東部），甚至東部外海的火燒嶼（蘭嶼）、紅頭嶼（綠島）都有文字詳細注解，而且李聯琨還在旁撰文建議，自海禁大開後，朝廷可否派兵輪流巡航日本、琉球、呂宋、高麗各島，讓將領能夠熟悉外洋海島地形險要之處，知曉何處最為險峻，何處平坦，何處可以屯兵，並且調查各國港口，哪些可以停泊大船，這些資訊都要繪圖和詳細說明。李聯琨還提到奉命從臺灣北、中、南三路，深入深山不毛之地探勘達五十餘日，每日均以筆記記載所見所聞，希望由此可以讓臺灣全島莫非王土。

仔細觀察這幅地圖，發現基隆河上游有「煤山」的文字標注，可以了解清政府當時已經知道基隆河上游一帶富含煤礦；還可以看到有些地名現在仍在使用，但用字卻有所不同，例如現今的大龍峒，圖上標示為「大隆同」；現今的大稻埕圖上標示為「大稻程」；現今汐止的叭嗹港，圖上標示為「八連港」。有些圖上使用的地名，如今已經不用了，但可以看到與

美國國家圖書館

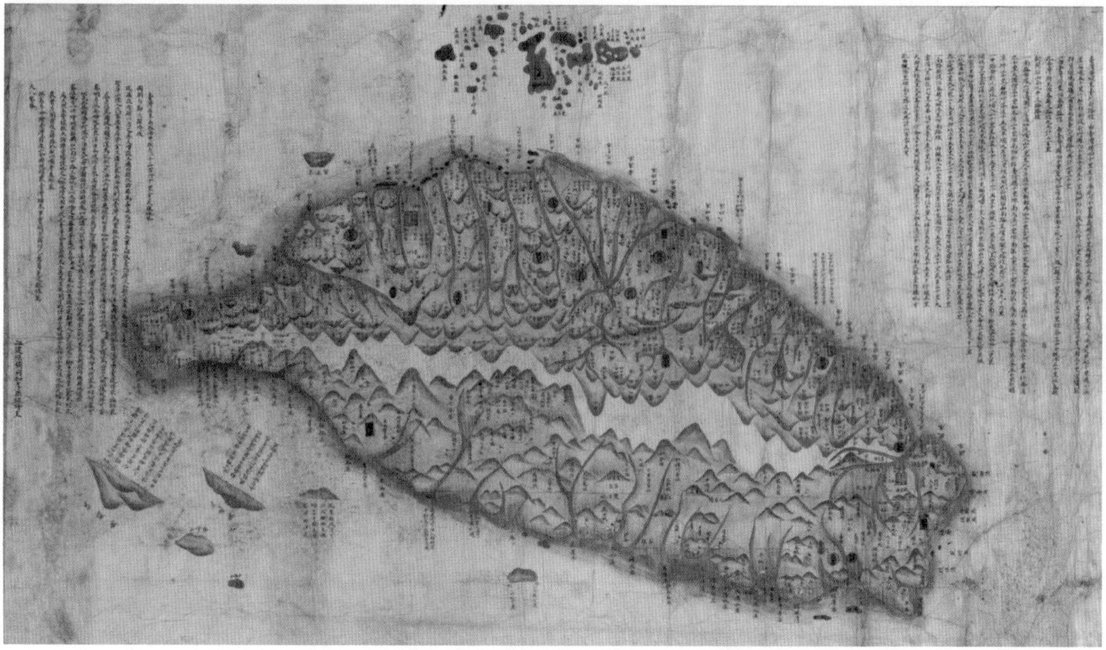

圖 6-11　福建候補同知李聯琇繪製的《臺灣前後山全圖》，存於美國國家圖書館

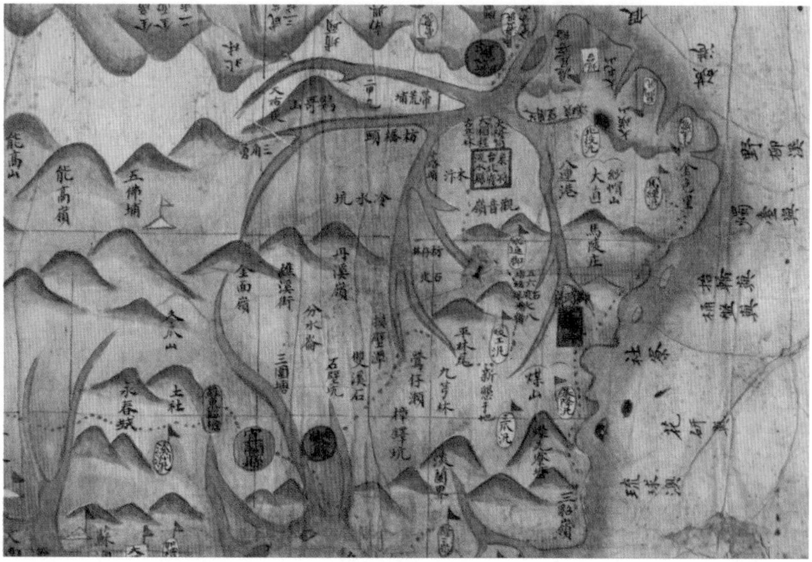

圖 6-12　《臺灣前後山全圖》北部地區的局部放大

舊地名的淵源，例如現今的汐止，在圖上標示著「水返腳」；現今的板橋，圖上標示著「枋橋頭」；現今的金山，在圖上標示著「金包里」。凡此種種，都會讓這份古地圖，除了宏觀理解古人對臺灣開發的程度，也能微觀地看到地名的古今演變。

認知地圖

一般繪製陸地上的地圖，英文叫 map，而海盜用的地圖則是專門繪製海上的狀況，英文叫 chart。通常在市面上能看到的世界地圖，陸地都是密麻麻的地點、地名、山脈、河川，陸地間的海洋則是空白。但海盜地圖則反過來，海洋上各種密密麻麻的標注，沿岸各個重點區域的水深標注、礁石標記，甚至哪裡鯊魚出沒最多等，都盡可能標示詳細。可是岸邊的陸地世界就是空的，對海盜來說不重要，那不是他們的認知範圍。

王戎是魏晉時期的竹林七賢之一，七歲時，有一天和一群朋友出去玩，路邊有一棵長滿李子的樹吸引了大家的目光，小夥伴們一哄而上，搶摘李子，唯獨王戎不動。有人就問他為什麼不動手？王戎說：「樹在道旁而多子，此必苦李。」意思是說，這棵樹長在路邊，有那麼多的李子，卻沒有人摘，那一定是不能吃的苦李子。

這就是王戎的「認知地圖」發揮了作用。一般小孩的認知地圖裡，李子是好吃的水果，但認知就到這裡結束。而王戎的認知地圖裡，在李子樹這一層之外，他還看到了更大的社會網絡互動：李子樹在道路旁邊，道路帶來人流，路旁的李子樹因而深度嵌入到社會網絡裡，李子樹的生命故事，都是和其他網絡節點互動的結果。

一個人只要能看到這些網絡節點的存在，感受到節點互動的特性，想必就更有能力做出正確判斷。現代社會的社會網絡變得愈來愈複雜，透過無線網路似乎可以接觸到包羅萬象的訊息，但人們傾向只接收與自己同質性的資訊，而每個人身處的生活圈不同，看世界的視角也不同，雖然看起來天天生活在一起，但心裡的認知地圖其實是千差萬別的。

達成共識變得愈來愈艱難，若是幻想要團結大多數人，恐怕下場就是誰也團結不了。而所謂團結大多數，在今天可能被解讀為投機行為。政治在臺灣開啟大家許多認知，其中之一就是達成共識如此艱難，所以把敵人爭取過來固然好，但成本太高，更何況就算能成功轉化一個敵人，很可能同時會創造新的敵人。社交媒體狂奔的年代，一支手機讓人人都能低門檻地成為自媒體，此時無論是大媒體、小媒體，還是自媒體，生存最重要的是創建並穩住自己的基本盤，有基本盤的玩家不會被真正打倒。

人人都同意現在這個世界瞬息萬變，要描繪出一幅非常清晰的認知地圖就益發困難，在沒有清晰地圖導引的狀況下，我們要如何找到前行的路徑呢？此時，指南針就比地圖更加重要。瞬息萬變的世界，我們很多時候沒有地圖，甚至得不到指出真相的訊息，沒辦法找到清晰道路後才開始前進，只能依據極其有限的訊息和資源尋找出路。這就像在黑暗中拿著一盞燈籠探索，不可能把燈籠往周圍一掃，周遭所有的道路就自動顯現。燈籠能夠幫助我們前進，但該怎麼選擇道路是自己要做決策。若是幸運，我們一點一點摸索後到達目的地，就完成了「成功過程認知」，心中也繪製了一幅成功認知地圖。

導航地圖

如果曾經在汽車上使用過 Google Maps 導航，你會知道當前的交通量在導航上會以綠色、黃色和紅色顯示，但你是否知道 Google 是如何知道這些道路上目前有多少流量呢？

Google 確定道路流量的方式之一，是根據統計一天中不同時間道路上的流量，逐漸建立起歷史流量模式。道路流量資料哪裡來呢？Google 還會使用來自 Google Maps 用戶的實時數據。當人們在汽車中攜帶手機時，Google 不僅可以捕獲位置訊息，還可以捕獲行駛速度。利用這些數據，Google 可以即時繪製當前在不同道路上車輛行駛的交通量。

有一個聰明的傢伙叫西蒙・韋克特 (Simon Weckert)，他是住在柏林的藝術家，有一天心血來潮想出一招測試（或是說破解）Google Maps 的即時交通數據。西蒙將九十九支二手智能手機放在手推車中，然後在柏林空蕩蕩的街道上走來走去。來自九十九部在柏林附近緩慢移動的電話數據，足以在 Google Maps 中產生交通擁堵的ＡＩ訊息反饋。透過使用九十九支手機在城市中漫步，西蒙能夠將 Google Maps 上的綠色街道變成紅色。延伸影響是對 Google Maps 的建議行車路線產生了改變，原本還有一些車輛在行駛的道路，因為受到導航規劃避開擁擠路線的設定影響，這條道路開始變得空空蕩蕩，只剩下西蒙和九十九支手機在路上散步。我住在新店北宜路，假日經常聽到重機奔馳而去，得知西蒙的人工塞車實驗後，內心忽然有個衝動，也想帶著九十九支手機在北宜公路上散步。

衛星地圖數據——就是財富

美國《大西洋月刊》曾有篇有趣文章提到金融領域的新趨勢，就是使用類似衛星數據來進行股票的分析和預測。例如二〇一八年十一月，澳洲發生一起火車脫軌事件，上面載了二百六十八車的鐵礦。沒多久，鐵礦的價格就上漲了，因為很多投資者認為這起事故會減少鐵礦的供給。不過有些交易員不這麼想，他們找出當時事故發生地的衛星圖像，經過仔細分析後，發現在事故地點把鐵礦重新裝車並不難。於是他們認為鐵礦的供給並不會受到太大影響，因此鐵礦價格肯定會止跌。基於這個訊息判斷，這些交易員大賺了一筆。

沃爾瑪的創始人山姆・沃爾頓 (Sam Walton) 曾經做過一件事，公司早期時，他會透過數停車場裡的車來看每家店的經營情況。時至今日，有人乾脆從衛星公司買了整整數年的圖像。他們找到了麥當勞、沃爾瑪等門市，把不同時段裡停車場的車輛數量記錄下來。結果發現，車輛數量和走勢竟然能非常準確地預測公司收入。這下子就看到財富了，於是除了看停車場的車輛數據，還去監測太陽能板的安裝、礦石的開採、鋸木廠木材的庫存等。

加州大學伯克利分校的兩個商學院教授做地圖數據的系統性研究，他們對美國的四十四個大型零售品牌，六萬六千家門市的衛星圖像數據加以分析，包括星巴克、沃爾瑪、Costco等大品牌。結果發現，根據這些門市停車場車輛數量的波動進行交易，收益率能比基本回報率高出接近五%。

過去大型金融機構比起一般散戶，擁有專業和訊息的優勢；現在有了衛星地圖數據的另類加持，大型金融機構的交易優勢就更大了。《大西洋月刊》的這篇文章在最後給散戶提供一個建議：在專業不足、訊息不足、衛星數據不足的條件下，散戶還是別上場玩這個遊戲吧！

遊戲地圖

有人說，有什麼樣的玩家就有什麼樣的遊戲，當然這句話裡的「玩家」、「遊戲」可以任意置換成其他名詞，例如「選民、政府」，「觀眾、媒體」。道理是這樣，但這麼說就有些讓人絕望了。一個人選擇什麼樣的遊戲，表面看起來是選擇不一樣的娛樂方式，其實深一層看，更像是選擇一種對生命的態度與價值。

優秀的遊戲會把探索遊戲裡的未知世界做為重點，它們會在地圖上蒙上一層黑色，只有一一探索過，黑色布幕才會一塊一塊打開，露出被遮蓋住的山川、河流、聚落、資源，這個過程叫做「開地圖」。但有些遊戲世界只是拿來做為玩家不斷重複刷經驗和金錢的場所，每一處場所看似不同，本質卻大同小異，好像同一個房間，只是換個油漆顏色和不同裝飾。探索未知從來不是這種遊戲的核心價值，提供玩家一個做工的工地才是核心訴求。於是玩這種遊戲就像在工地搬完磚塊，然後換一個地方再繼續搬，完全沒有開地圖的探索樂趣，僅有「推地圖」的無腦勞動。

遊戲採取開地圖還是推地圖，不是程式撰寫、遊戲設計、美工的差異，而是文化層次、價值取向的本質差異。地理大發現時代，那些進入未知世界、開啟人類視野的「玩家」，如果抱著探索未知文明、發現新的世界、開啟文明多樣性的思維前行，將會對整個世界的未來發展，做出連升十級般的卓越貢獻；如果抱著「推地圖」的心態，把一處一處的新天地當作砍伐林場、挖礦礦坑，所有行為準則僅是重複性工作、破壞、拿錢，就像當年西班牙人到美洲開採貴金屬，找到豐富的銀礦後，接著用力開採、用力花錢享樂，無視美洲人民的苦難、無視自己產業結構與技術的升級，當銀礦枯竭後，美洲人民的傷痛已經無法撫平，而西班牙也錯過了調整自身產業結構與技術的時機，等到英國崛起時，西班牙無敵艦隊只能變為傳說，國力更是不斷衰頹，直到今天，在國際舞臺上，西班牙頂多只是偶爾跑跑龍套罷了。

我曾經玩過一種「死要錢」的遊戲，這種遊戲不尊重玩家的選擇，不鼓勵故事發展的多樣性，壓抑玩家使用智力，強迫玩家沿著一定路線成長，禁止別出心裁的玩法，逼迫玩家沿著廠商實現利潤最大化的步驟進行。在這種遊戲裡，玩家能做的事情非常少。唯一的樂趣就是打趴別人，為了這種樂趣，付出的代價就是要不停地刷經驗升級，不斷在同一個遊戲場景下做無數次重複的操作。這就意味著，人生只有一條路可以走，除了打掛低階玩家的樂趣外，再無其他樂趣可言。其次，所謂成功的祕訣在於不用腦重複做機械化的簡單動作。不用腦是一種種智力上的懶惰，這會有降低智商的風險。自己單兵機械化的練功升級，還會有社會化能力衰退的潛在危機。想到遊戲世界裡，有這麼多的年輕玩家身處在智商鈍化、社交能力弱化的高風險環境中，就覺得毛骨悚然。

你願意選擇什麼樣的生命態度與價值呢？這個選擇將影響你玩什麼樣的遊戲。什麼？你不玩遊戲！難道你沒聽過人生如戲嗎？

第七章

3D模型製作

最早的鳥瞰地圖

最早的城市地圖集應屬一五七二年的《世界城市圖》(*Civitates Orbis Terrarum*)，此圖集的第一版內容不多，但發展到一六一七年，這套地圖集蒐羅了從歐洲的巴黎、羅馬到亞洲的北京，總共超過三百六十三幅城市全景地圖。由於每一幅地圖都是採取對地面的鳥瞰，讀者得以透過垂直視角，將每一座城市不同的建築風貌、不同的城市布局和各種地標盡收眼底。

全景地圖非常宏觀，但很難過於精細地說明地標，《世界城市圖》還提供注釋，詳解每一座城市的歷史、方位、資源、貿易和產業。在地理大發現時代，這些地圖對殖民者具備極高的價值。因此在那個年代，西方各國紛紛效仿，競相製作自己城市的地圖集。

雖然全景類的地圖在一些歐洲城市出現，但僅限於大型城市，可是內戰後的美國，製圖者發現數以千計新開發小城鎮和社區全景地圖的市場需求，進而推動了美國全景地圖長達六十年的輝煌時代。當時任何人只要向繪圖者付費，私人住宅和商鋪就能被畫入地圖，就可以自豪地在地圖上向別人指出自己的地產所在（Google 地圖一度動過這種念頭）。當年經常有人認為繪圖者是不是搭乘熱氣球畫全景圖，其實並非如此。每一幅全景地圖都是先在繪圖者的腦中構思，接著會親自走遍大街小巷，想像從數百公尺的空中，用向下俯瞰的視角來描繪所有城市中的大小事物。

全景地圖數量有數千幅之多，但從事這個行業的繪圖者卻是少數。美國國會圖書館收藏超過一半的城市全景地圖，僅出自五名繪圖者（藝術家）之手，因為這是一項需要有極大的耐心與專注力才能完成的工作。隨著飛機與相機的發展，很快的，這個行業就失去了商業價

THE CITY OF NEW ORLEANS.
AND THE MISSISSIPPI RIVER. LAKE PONTCHARTRAIN IN DISTANCE.

圖 7-1　一八八五年紐奧良的鳥瞰圖

圖 7-2　紐奧良鳥瞰圖的局部，這些美國生活的畫面紀錄，讓全景地圖成為珍貴文件

值。從歷史的角度來看，許多全景地圖都極為精準地提供早期美國城市圖像紀錄。這些美國生活的圖像、城市建設的風貌，經常是一些城鎮在當時唯一的畫面紀錄，光是這一點，就讓這些全景地圖成為具備歷史價值的珍貴文件。

網面立體地形圖

科技技術的高歌猛進，帶來許多前人想都想不到的應用發展與人力精省。一五七二年，《世界城市圖》隨便一張全景地圖，都要花費數月甚至數年才能製作完畢。我在一九八七年就讀師大地理研究所時，為了撰寫碩士論文，用當時內裝稱作 80286CPU 的電腦，跑一張桃園縣龍潭鄉的地形模型圖（圖 7-3），還只是網格狀的模型，上面什麼都沒有，沒有衛星影像，沒有河川、建築、植被等地表本來就存在的物件，僅是運用網格的形狀變化，產生地形起伏的立體視覺效果。但光是這樣，我依然清楚記得，清晨十二點將一切資料輸入完畢，抱著興奮又疲憊的身心按下

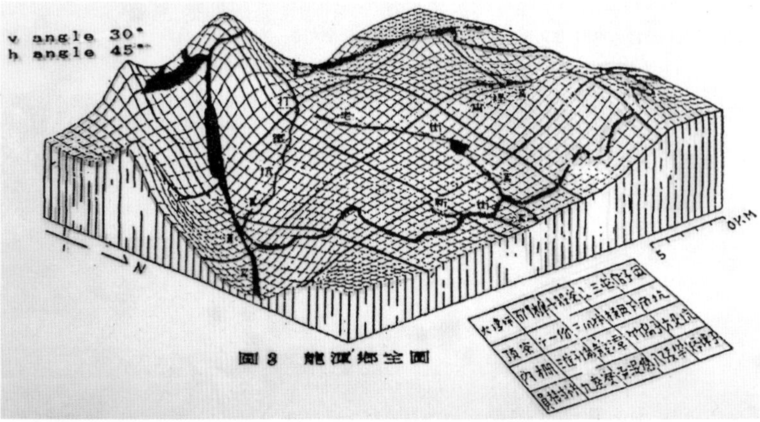

圖 7-3 龍潭鄉簡單的網面立體地形圖，圖中的溪流、鄉界、文字都是手繪後製上去

return 鍵，電腦開始運算、產生網面立體圖後，我盯著完成百分比的數字，期待數字增加，但十分鐘過去了，數字仍然是〇%，各種念頭不斷在腦海中盤旋，操作程序是不是錯了？電腦是不是當機了？程式是不是無法接受太多資料？要不要關掉重來？還是再多等一會兒？最終，這項龍潭鄉的網面立體地形圖，一直到晚上八點鐘才完成，總共耗費二十個小時！現在的九〇後年輕人肯定難以想像。因為在這個時代，就算用手機來執行這項工作，應該也是「瞬間」就完成了。

Google 公司絕對算是先進全景地圖的先行者，從宏觀尺度來看，在全球各地拍攝三六〇度全景地圖的 Google 街景拍攝車，已經在三十九個國家和地區錄製了五百萬英里的道路實景。自動駕駛在這些年一直是熱門話題，Google、百度等公司都在積極努力。自動駕駛未來希望做到無人駕駛，就需要為機器準備地圖，而不是為人準備地圖。簡單來說，為人準備的地圖主要是為駕駛人提供路徑規劃和導航功能，而為車準備的地圖則是要幫助提升位置感知精度和更精確的環境描述，以便機器識別。這類新地圖的精度需求更高，一般被稱為高精度地圖。未來的全景地圖、高精度地圖和人工智能等領域的多項技術，正在逐步融合到各類平臺，將會引爆巨大商機。

3D模型製作

《魔戒》是一部偉大的奇幻小說，作者托爾金 (J.R.R. Tolkien) 為了讓小說完美，認為必須替《魔戒》繪製一張夏爾和整部小說的全景地圖。他在一九五三年十月寫道：「實際上我簡直不知所措，這些地圖是不可或缺的，而且必須盡快完工，但我卻始終無法把它們弄出來。」最後他只得將製圖任務委派給三兒子克里斯多福（Christopher Tolkien）。克里斯多福根據父親的一堆草圖，費盡心力，最終完成一張可供清晰閱讀的故事全景地圖和一張較小的夏爾全圖。奇幻文學裡的故事竟然用全景地圖呈現?!很多人沒想到，顯然托爾金就是這麼做了，時至今日，許多線上遊戲其實都有仿效托爾金的做法。

圖 7-4 《魔戒》所附的全景地圖

全景地圖拿來說故事既然這麼神奇，我們就來學學此招。當然不是手繪，而是用現成又免費的 Google Earth。運用 Google Earth 的衛星影像來觀看、展示這個世界，確實精彩有趣，但整個地球包含龐雜資訊，容易讓觀看者失焦，無法迅速獲取展示者想呈現的主題，這個時候，選取適當視角，以一塊局部區域範圍的立體地形模型來呈現，會讓閱讀者更加迅速地聚焦在主題上。

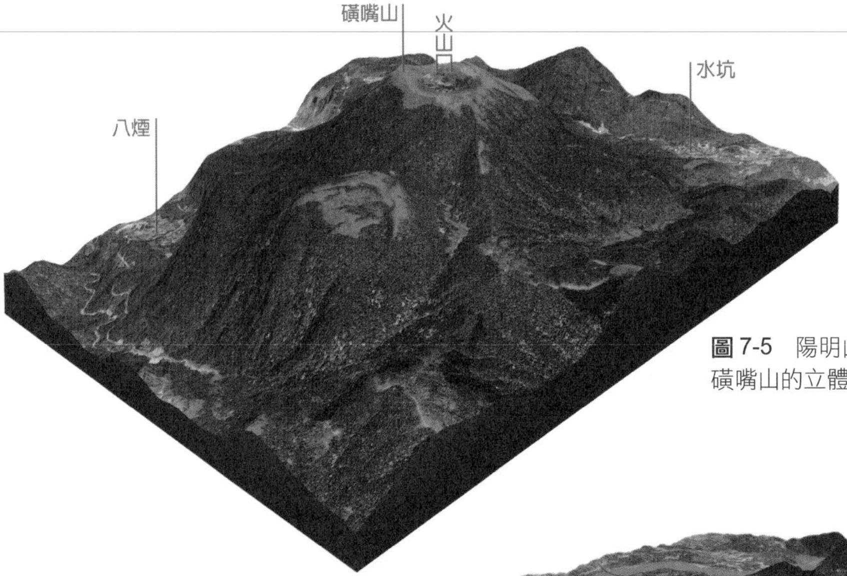

圖 7-5 陽明山國家公園中磺嘴山的立體模型

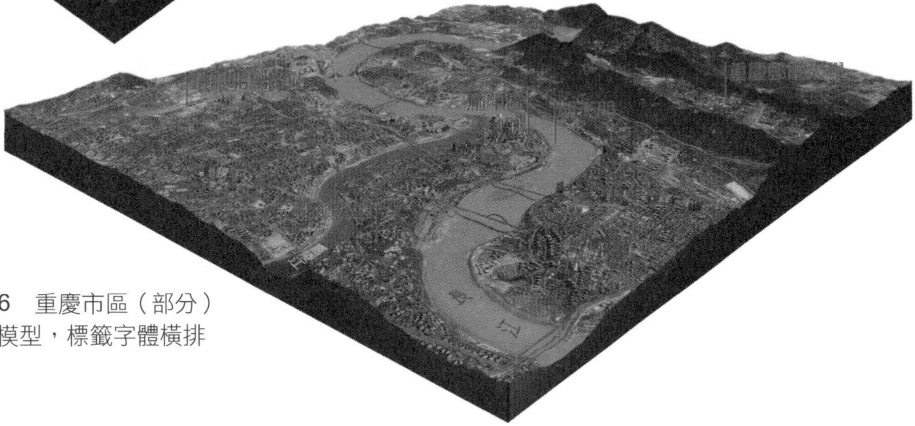

圖 7-6 重慶市區（部分）立體模型，標籤字體橫排

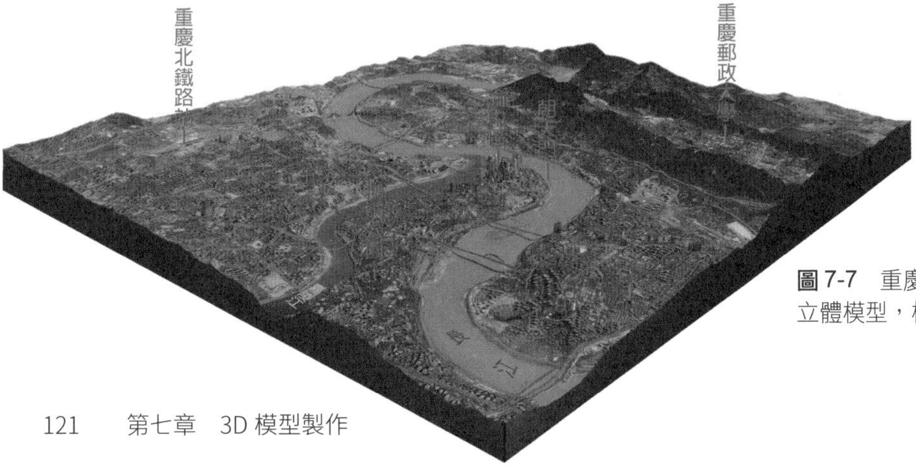

圖 7-7 重慶市區（部分）立體模型，標籤字體直排

簡單而粗暴

如何製作一個立體地形模型呢？方法很多種，不幸的是，多數方法都要運用多種軟體一起層層協作才能完成使命，而且這些協作軟體大多必須付費，有些費用還真是有點昂貴，對於想要嘗試製作立體模型的初學者而言，這是一道不低的門檻。以下介紹一種方法最為簡單且粗暴，甚至不用花錢買軟體就能使命必達，就是使用 Google Earth，再加上任何一款能處理靜態影像的軟體就行了。處理靜態影像的軟體眾多，一定能找到免費又專業的軟體，例如 GIMP 這款軟體網友都以「免費軟體中的 Photoshop」來稱呼，可用於 GNU／Linux、OS X、Windows 和更多操作系統的跨平臺圖像編輯器，要是您有程式專長，還可以更改原始碼並分享給更多使用者。

Adobe 公司的 Photoshop 絕對是影像處理軟體中的大哥大，多年來培養出為數眾多的使用者，後來開發出來的影像處理軟體或多或少在設計上都會有 Photoshop 的架構，以下的製作說明就以 Photoshop 軟體為範例。

首先運用 Photoshop 製作一張擁有紅色方框透明底圖的 PNG 檔案（圖 7-8），接著打開 Google Earth，將畫面調整到你想要的適當視角，一般來說，三十度到四十度的視角較為常見。再來就是運用 Google Earth 的疊圖功能，把自製的紅色方框透明底圖套疊到 Google Earth 中，讓紅色方框框住在 Google Earth 中想要的適當視角，接著儲存照片輸出，然後

圖 7-8　運用 Photoshop 製作一張有紅色方框透明底圖的 PNG 檔案

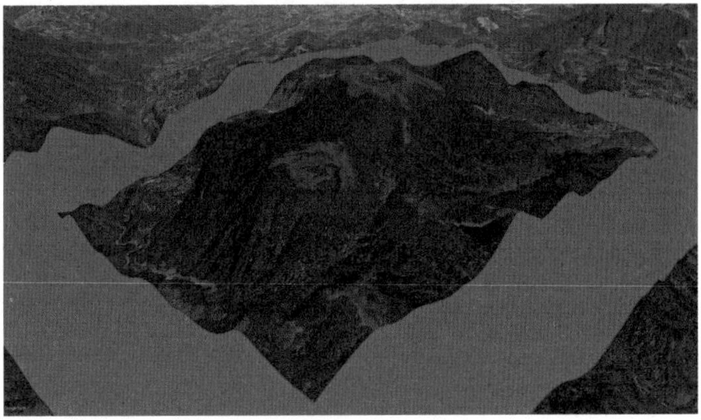

圖 7-9 紅色方框的目的是為了方便 Photoshop「去背」，原圖幾乎亮度不足，記得在 Photoshop 中加以調整

將此張照片送到 Photoshop 處理，此時紅色方框的目的就是為了方便「去背」。最後再加上注解、符號、線條等資訊，並且曲線調整影像的品質，以及為立體模型加上邊緣厚度，這樣就大功告成了。

以上是立體模型製作的快速說明，接著將更仔細地說明操作方式。

如何製作紅色方框？

製作立體模型，首先必須要有一個透明底圖的紅色方框，打開 Photoshop，點選「檔案」中的「開新檔案」，會跳出一個新增文件視窗，先點選「預設 Photoshop 大小」，接著在視窗的右側會出現「預設集詳細資料」，記得將「背景內容」改為「透明」（圖 7-10），再按右下角的「建立」，桌面就多了一張透明的畫布（顯示為一格一格的方格）。

點選左側功能快捷鍵中的「矩形選取畫面工具」，在畫布一角一點一拉，拉出一個矩形，接著點上方功能鍵中「選取」的「反轉」，然後點選左側功能快捷鍵中的「油漆桶工具」，接著點擊油漆桶工具下方的「設定前景色」，將顏色設定為紅色，跟著使用油漆桶

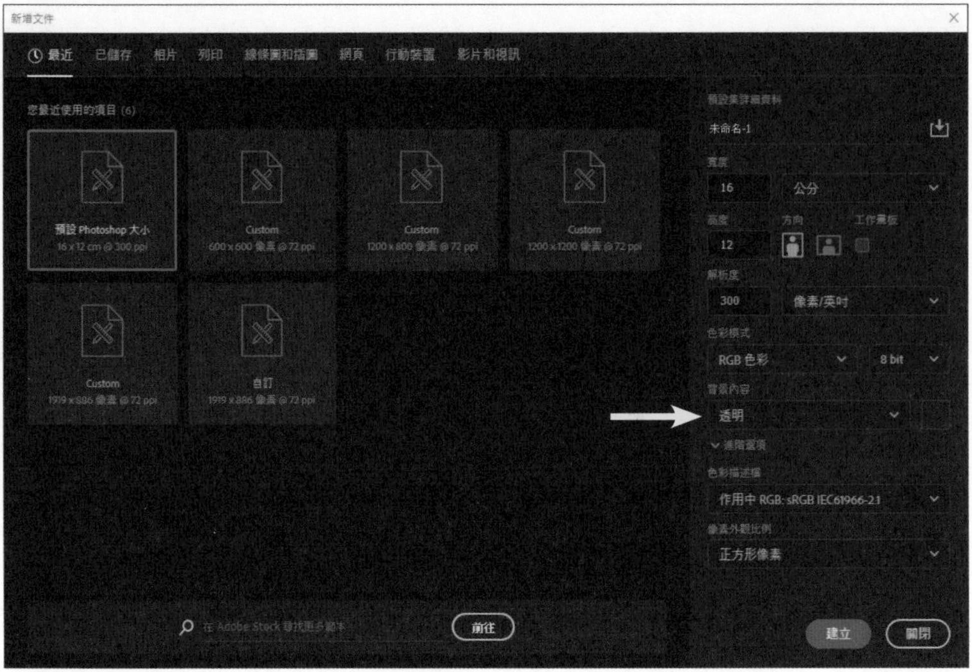

圖 7-10　建立透明底圖，記得將背景內容改為透明

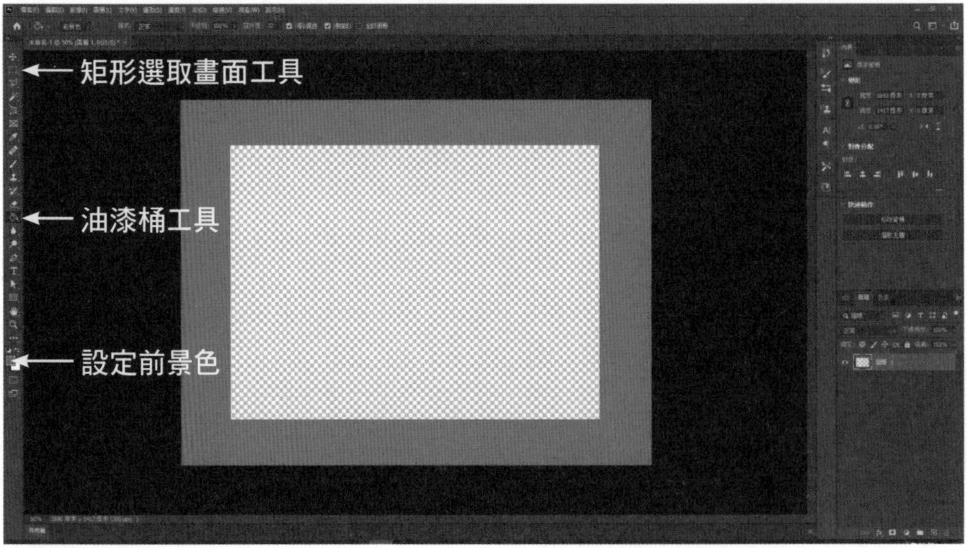

圖 7-11　繪製透明方框的點選過程

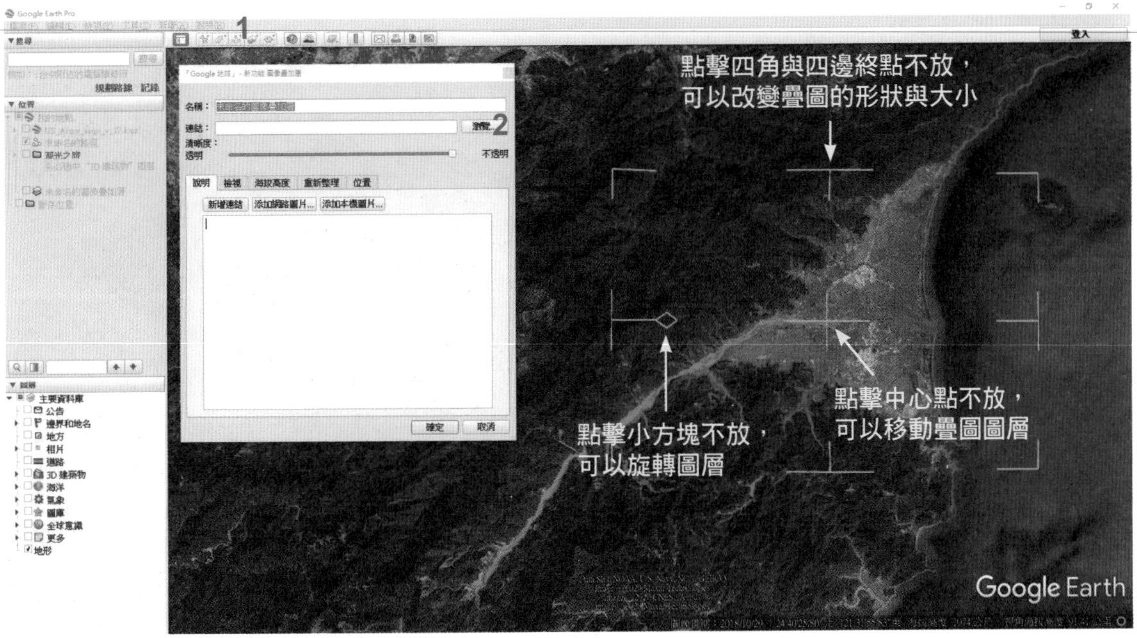
點擊四角與四邊終點不放，
可以改變疊圖的形狀與大小
點擊中心點不放，
可以移動疊圖圖層
點擊小方塊不放，
可以旋轉圖層
Google Earth

圖 7-12 疊圖方框

工具游標，在外圍方框的任何一處點一下，外圍方框就全部填滿紅色。最後，點選「檔案」中「轉存」的「快速轉存為PNG」，接著指定轉存位置，替檔案命名，紅色透明方框就完成啦！提醒一點，千萬不能存成JPG格式，若是存成JPG，就不會有透明效果了。

如何製作立體模型？

打開Google Earth電腦版（網頁版不適用），移動視窗畫面到達想要拿來製作模型的位置，接著點選上方功能快捷鍵中「新增圖像疊加層」的「瀏覽」，將紅色透明方框的檔案連結進來後，方框中心會出現一個綠色十字線，點擊十字中心不放，可以移動疊圖的位置；點擊綠色方框的四角與四邊中點不

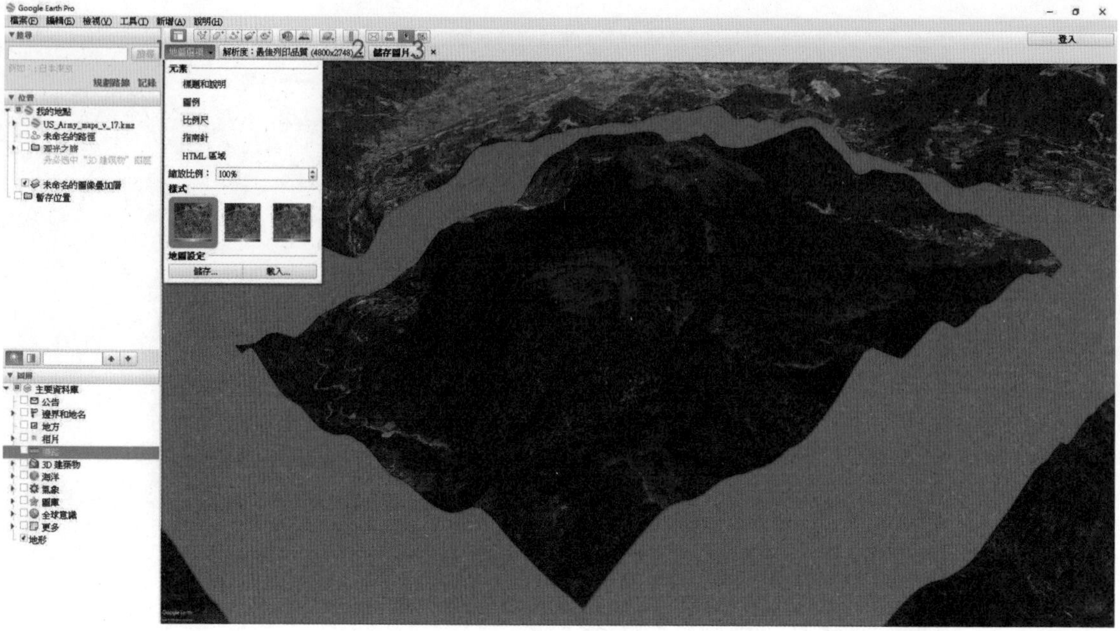

圖 7-13　磺嘴山模型

放，可以改變圖層的形狀與大小；綠色疊圖方框的一邊還有一個小方塊，點擊這個小方塊，可以就地旋轉圖層的方向。

把紅色方框套疊到你想要拿來製作立體模型的區域，並採取適當視角，接著點擊上方功能快捷鍵「檔案」中「儲存」的「儲存圖片」，這時候，主視窗的上方會出現新的快捷按鈕。點擊新快捷按鈕中的「地圖選項」會開啟一個新的視窗，視窗內呈現數個地圖製作元素，把這些地圖元素逐項取消勾選（可以考慮留下指南針），接著點選解析度按鈕，將解析度設定為最佳列印品質。最後，點選第三個按鈕「儲存圖片」（不要忘了看一下存到什麼地方）。Google Earth 提供儲存圖片相當高的解析度，足夠絕大多數的用途，不過畫質實在偏暗，整張圖好像在晚上拍的影

圖 7-14　清除模型四邊的注意事項

像，解決的辦法就是送到 Photoshop 中一併處理。

將剛儲存好的圖片用 Photoshop 開啟，點選左側的「快速選取工具」，點擊紅色方框不放，移動游標把主要模型外的地方很快地刷一圈，接著點擊上方「選取」中的「反轉」，這時變成選取主要模型，再來點擊視窗右下角的遮色片按鈕，主要模型以外的畫面全部消失成透明。可是放大畫面仔細看看模型四邊都有紅色殘邊，看起很礙眼，下一步就要想辦法清除這些紅邊。當然你可以用橡皮擦工具慢慢擦，但那樣太累了，有更快的好方法。首先按住 Ctrl 鍵不放，同時點選圖層裡的遮色片（圖 7-14），這樣模型就被重新選取，接著點選上方功能「選取」中「修改」的「邊界」，此時會跳出「邊界選取範圍」的視窗，將寬度像素改為10（如果清不乾淨，就將此數值調大），按確定按鈕後，你將看到沿著模型四邊出現兩圈選取虛線將模型的微量地圈選起來，接著按鍵盤上的 Backspace 鍵（Mac 鍵盤的 delete 鍵），模型四邊的紅邊瞬間清除乾淨。

模型此時看起來像是一張薄薄的、有凸有凹的紙板，接下要做的就是讓它有厚度。第一步先點選右下角「建立新圖層」，以滑鼠點擊不放，拖拉先建立的圖層到擁有主要模型圖層的下方，目的是讓主要圖層在上，可以壓過多邊形圖層，之後繪製的多邊形，凡是超過模型的部分，都會被模型蓋掉，如此一來，就不需要仔仔細細地描繪模型邊緣了。

接著用左側功能的「多邊形套索工具」畫出模型露出來的兩個邊，在每個點擊與點擊間會自動拉成直線，可以很輕鬆地拉出邊區形狀，無須理會模型起伏的邊緣，直接覆蓋過去即可。最後回到最初點擊的第一個點，游標旁會出現一個小圓圈，表示點擊下去就會形成一個封閉多邊形，完成後，先點選剛建立的多邊形圖層（很容易忘了這個步驟），再點擊「油漆桶／漸層工具」，如果想呈現單色就使用油漆桶；如果覺得單色不好看，可以選擇漸層；如果選擇油漆桶，指定顏色後，直接用油漆桶點擊剛畫好的多邊形範圍內任一地點，就能將多邊形區域充填好想要的顏色。如果選擇漸層色，將左下角「設定前景色」與「設定背景色」的顏色，設定成不同的兩個顏色，然後在多邊形區域連續點兩個點，這兩個點的連線方向與距離，將會決定漸層顏色的呈現方式，多嘗試幾次，很快就會明白漸層的操作方式。

來自 Google Earth 的衛星影像太暗了，沒關係，點擊一下右下角的「調整圖層」，從打開的視窗中選擇「色階」，發現色階視窗的右側幾乎沒有資料（圖 7-15），接著把右側下方的小三角點往左側拉動到有內容資料的邊緣，現在你會看到模型亮了許多（圖 7-16）；如果還認

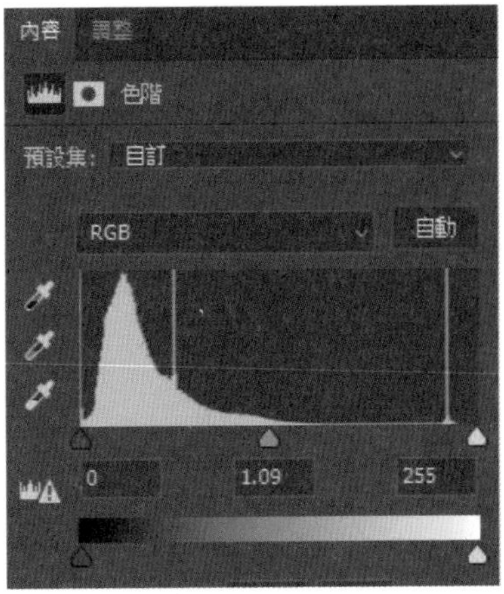

圖 7-15　調整前的色階

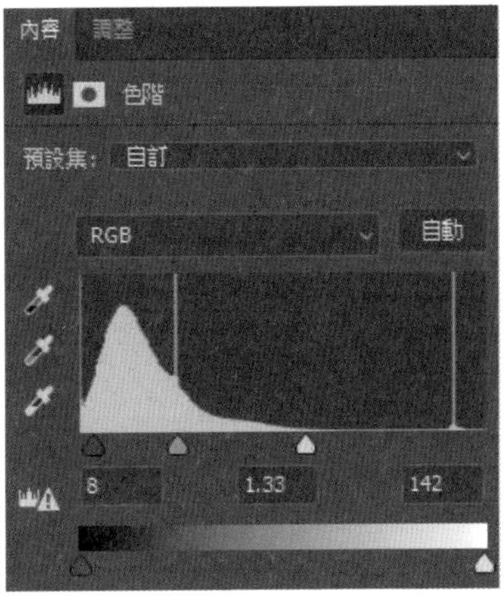

圖 7-16　調整後的色階

為不夠亮，再將下方中間的小三角也向左拉動一點，直到覺得滿意為止。到目前為止，我們已經製作完成一個立體地形模型。如果習慣使用調整圖層裡的「曲線」或「亮度／對比」來調整影像品質，當然沒問題，但對一個新手而言，色階的用法最為易懂。

加注標籤

立體模型不但讓人有鳥瞰視角，且能聚焦在一個限定區域，比起平面地圖，絕對賞心悅目得多，更增加了不少視覺認知強度。但如果不加點注解說明，還是會讓人有不知道這裡是哪裡的困擾，接著我們就來加點注解標籤在模型上。

左側功能快捷鍵裡面有一個「筆刷／鉛筆工具」，請選擇鉛筆工具，接著點擊「設定前景色」，選擇喜歡的顏色；先按住 Shift 鍵不放，接著點擊要標注的地點，滑鼠左鍵點擊不放同時向上移動，這樣就能拉出一條整齊的垂直線，一口氣把想標注地點所需的直線統統畫好後，再點選左側功能「文字工具」，裡面有橫式、直式書寫方式，端看個人的喜好與需求。以我而言，有時需要橫排，有時需要直排，但多數狀況下，標籤文字直排會好看許多。

如果是一條河、一個湖、一方海水，這個時候在河、湖、海上插根旗竿，在上面標示文字標籤，畫面總覺得不太搭，若是將文字變成彷彿躺在水面上的樣子，看起來會比較順眼些。舉個例子，重慶市模型中有條河標注了長江，為了讓「長」與「江」兩字能距離遠一點，避開互相連動牽制，這兩個字必須分開處理，也就是說「長」一個圖層，「江」一個圖層。先在長江的江面選擇適當的地點標上文字，我會選擇在模型下方，按左側「文字工具」，接著在下方放置文字處點擊並輸入「長」，再點選上方功能「文字」的「點陣化文字圖層」，最後點選上方功能「編輯」中「變形」的「扭曲」。

算法才是未來

隨著都市化、交通與通訊技術的發展，人的生活半徑是擴大呢？還是縮小？

多數人會非常直覺地認為，我們在城市裡的生活半徑當然會愈來愈大。隨著飛機、高鐵、城際鐵路的發達，很可能會有更多人選擇在一個城市居住，到另一個城市上班；也會有愈來愈多人在一個城市吃早餐，然後趕到另一個城市吃午餐。

你有你的幻想，世界另有他想。

哈佛大學經濟學家愛德華・格雷瑟 (Edward Glaeser) 提出了一個現代都市的悖論：隨著長距離運輸成本下降，接近性 (proximity) 的價值反而上升。「格雷瑟悖論」的意思是：城市一體化程度提高之後，城際間的人流和物流會變得更加暢通，但人們的生活半徑很可能不僅不會擴大，反而會縮小。做為一個普通城市居民，你的工作、社交、娛樂、生活等，都可以在方圓幾公里的範圍內解決。生活半徑縮小的見解，在二〇二〇年初被一個偶發事件拿出來驗證了，就是忽然爆發的新冠肺炎威脅全世界，為了防止病毒擴散，許多集會取消了，許多會議改為遠距線上開會，許多公司改為員工在家遠距辦公。一段時間後，雖然大家都慢慢回復正常生活，卻也讓許多人不禁思考，在家遠距上班其實挺不錯的，既然如此，何不乾脆永久施行？這個想法將慢慢地改變生活型態。

在城市間奔波的是為生活提供便利的貨車，而不是你。你不用再長途奔波，也不用每天花上兩、三個小時，甚至更長的時間通勤。如果工作條件許可，也願意宅在家，甚至三餐都可以透過外送取餐，足不出戶絕對沒問題。

你可以把每個人想像成一個點，把人和人之間的關係想像成一條線。很多個點和線在一起，構建成一個網絡。人們的一舉一動都會影響這個網絡，反過來，也會受到網絡的影響，也就是說，我們都鑲嵌在網絡之中。大數據興起後，新經濟社會學逐漸崛起，微信的大數據紀錄顯示，十億用戶每天有四百五十億次的互動，大數據還記錄著許多城市數百萬輛汽車的行駛。這些數據可以被計算，算法的好壞決定了數據的價值，網絡、節點、連線的諸多特性，能愈來愈清晰地描述與掌控，亞馬遜甚至可以告訴你，我比你更了解你的需求。因此，身處個性化服務逐漸無所不在的社會網絡中，你會發現，大部分的時間，你的移動距離愈來愈短。這個時候，小範圍的立體地形圖的使用場景將愈來愈廣，而使用頻率也會愈加頻繁。

小範圍立體地形圖

運用 Google Earth 未必非得要製作大範圍場景，城市內小範圍的立體模型，用 Google Earth 一樣辦得到。前期步驟相同，用預先製作好的透明方框，套疊在目標區上，但接著的步驟就要比較費心，因為城市裡有許多突出的物件，例如大樓、寺廟、電線桿、高塔等，這些物件不太可能大刀一砍 delete 掉（砍掉就不像立體模型了），所以在模型的遠端兩側，就必須細心地把天際線描繪出來（圖 7-17 的日本滋賀縣琵琶湖文化館模型）。為了避免後期製作過於辛苦，一開始用紅色方框套疊目標時，多加利用寬大的馬路、缺乏建物的停車場等地方，做為去背的邊界線，這樣會讓工作輕鬆許多。如果模型前側邊界有些樹木、樓房等突出的物件進入模型範圍，可以動用 photoshop 的「仿製印章工具」，一點一點把突出的物件慢慢擦掉。模型遠端的兩側，由於一邊是海，所以非常省事，但另一邊有許多建物突出，這時就要動用「多邊形套索工具」，沿著建築物的上端邊緣，把一般所說的天際線慢慢勾勒出來，勾勒完畢後回到起點，形成一個多邊形區域，藉著按下鍵盤上的 delete 鍵，這時漂亮的天際線就清楚地呈現出來啦！接著再加上厚邊，標上文字注解，漂亮的模型就完工了。

咦……前端一側有海岸的剖面，不管是塗上單色還是漸層都不搭調，所以再度啟用「多邊形套索工具」將海岸緩降入海底的型態「合理」地勾勒出來，這樣看起來就更專業了！

圖 7-17　日本滋賀縣琵琶湖文化館模型，紅色方框套疊目標區時，多考慮道路、廣場、空地等沒有過多建物的區域，方便後期去背

圖 7-18　模型前方兩側大刀一切即可，若是有些突出物件的部分進入模型範圍，可用仿製印章工具處理，後面兩側就要小心地讓天際線顯現出來

第八章

地圖蒐奇

立體地球儀

實體地球儀製作工藝複雜，因此價格並不便宜，而且體積愈龐大，製作成本愈高。但如果用數位技術製作地球儀，成本就可以趨近於零。數位地球最有名的當然是 Google Earth，可惜的是，Google Earth 能呈現很棒的陸地景觀，但到了海洋只能說是堪用。立體地球儀網站示範的數位地球，展現出的絢麗海洋有如透明果凍，而在透明果凍之下的海底山脈與海盆依然清晰可見，這樣的呈現方式，讓人更直覺地感受到水體地球、地球板塊的概念。

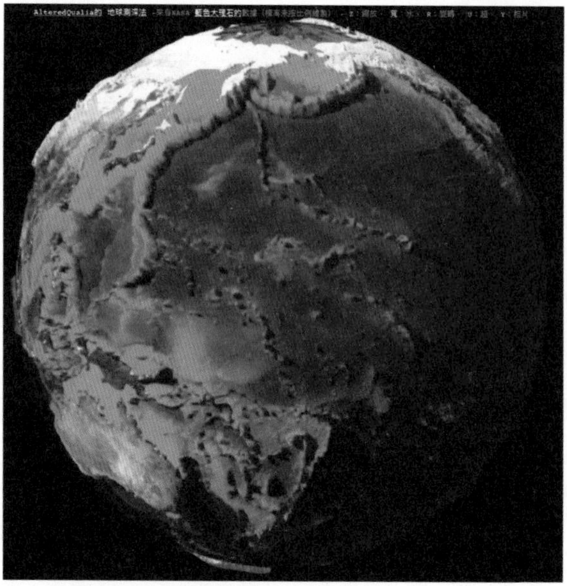

圖 8-1 立體地球儀網頁

立體地球儀

板塊漂移地球儀

和別人談板塊漂移，其實很難講清楚，因為描述了半天，別人腦補的畫面未必是你所要表達的意思，該怎麼辦呢？我們真的清楚世界各大洲在歷史長河中是如何合久必分，分久必合的嗎？你知道朝鮮半島曾經不是半島，而臺灣也曾經不是島嗎？以上這些困擾與問題，可以在「板塊漂移地球儀」的網頁中找到幫助與解答。網頁有顯示從七億五千萬年前到現代，地球上各板塊不斷漂移的狀況。

當我們把時間調整到一億五千萬年前，可以觀察到非洲與南美洲正在分手，一條深深的傷痕畫出了非洲、南美洲左右各一側現況。時間調到九千萬年前，有一塊巨大的島嶼從南極往北衝刺，其位置還在南半球，身旁剛分裂出一塊島嶼，這個島嶼慢慢靠近非洲，成為現在的馬達加斯加。再把時間調整到六千六百萬年前，從南極來的大島嶼越過了赤道，繼續朝北衝刺，完全沒有停下來的意思，從方向就可以看出它將會撞向亞洲，成為未來的印度。時間調到五千萬年前，義大利和巴爾幹出現了，但尚未與歐洲合體，仍隔著海洋處在歐洲南側。

臺灣在哪裡呢？時間調到二千萬年前，終於看到臺灣冒出海面，正在慢慢長高。

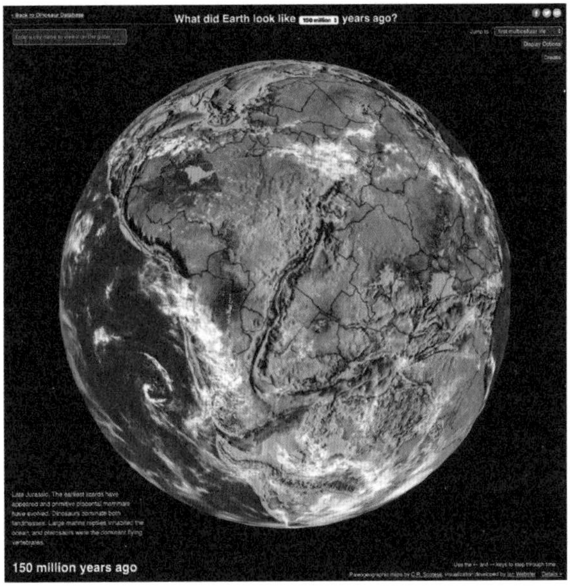

圖 8-2　板塊漂移地球儀網頁

板塊漂移地球儀

二千年來的城市發展

下方 QRcode 的網頁是由位於加州雷德蘭茲 (Redlands) 的美國環境系統研究所公司 (Esri) 原型實驗室所設計和開發的應用程序，靈感和數據來自於特蒂烏斯・錢德勒 (Tertius Chandler) 於一九八七年出版的《城市發展的四千年：歷史人口普查》(*Four Thousand Years of Urban Growth*)，不過在此一應用程序中，最開始的資料始於西元二世紀，一直到西元二十世紀。

西元二世紀時，全世界最大的城市是羅馬，人口達到驚人的一百三十萬，同一時期排名世界第二的洛陽，人口連羅馬的一半都不到，僅四十一萬人。羅馬的世界第一維持到西元五世紀，取而代之的是位於今日伊拉克巴格達東南方不遠處，一座位於底格里斯河畔名為泰西封 (Ctesiphon) 的城市，此城五世紀時人口世界第一，達

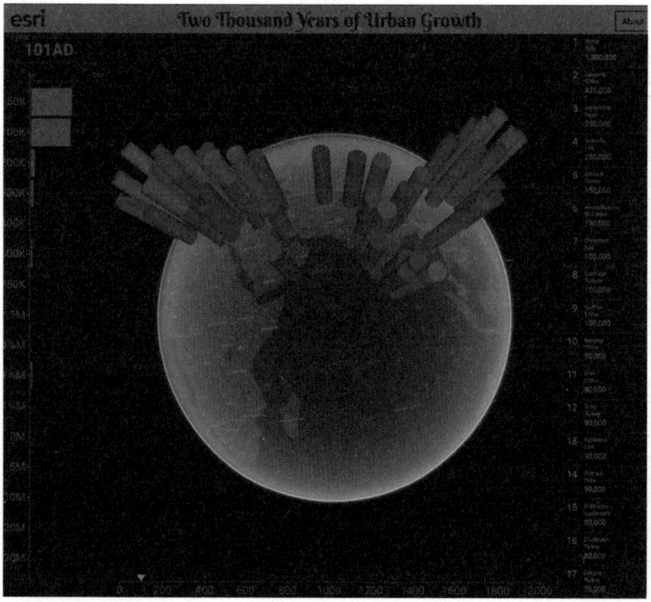

圖 8-3　二千年來的城市發展網頁

二千年來的城市發展

到三十四萬人，你可能會困惑，三十四萬人能當世界第一?!西元二世紀，世界第二的洛陽都四十一萬人了，三十四萬人怎麼能算多呢？其實答案很簡單，因為瘟疫讓全世界的人口數下降了，這也是為什麼西元二世紀時羅馬的一百三十萬人實在很驚人的原因。如果你到今日的泰西封，這個曾經的世界第一大城，如今只剩下一座斷垣殘壁、所剩無幾的塔克基思拉宮（可用 Google 地圖街景欣賞）。

西元六世紀，巴格達成為世界第一，人口達到四十萬。這個世界第一的地位，維持到十世紀才被西班牙的哥多華（Córdoba）取代。當一個城市成為世界的第一大城時，表示此城是當時世界上最具競爭力的城市，無論是經濟、政治、技術都是當時的世界翹楚，而巴格達曾經就是這樣的世界中心，而且時間長達五百年。今日的伊拉克人會不勝唏噓嗎？也許會，但這種心情其實在世界各地的不同年代、不同地區都會發生。與其唏噓過往，不如深刻理解世界中心位置轉移的底層邏輯，了解後能夠幫助我們面對未來。

巴格達是位在東、西向，物質與資訊流動的中心樞紐位置，這樣的地理位置讓巴格達能夠最大化地吸納東西方的文明智慧與技術特色。當時的巴格達為了盡可能地發展貿易，為王朝帶來富裕前景，政策上自然必須採取盡可能的開放與包容，目的是為了有效吸收各式技術與遠方而來的各種人才。如今巴格達早已日沉西山、夜幕沉重，遠離中心樞紐位置久矣，開放與包容的成本太高，無法讓政權在此生存，仇恨、對立、走極端是生存下去的最低成本方式，自然而然地，民粹主義當道的現象就難以撼動。

到了十一世紀，世界最大城市是開封，十二、十三世紀是杭州，十四世紀是開羅，開羅保有桂冠半個世紀後，第一的頭銜又回到中國南京，十五世紀是印度維賈亞納加爾

(Vijayanagar)，維持頭銜四十年後，又再度回到中國北京，一直維持到十六世紀。十七世紀第一頭銜給了土耳其的伊斯坦堡，十八世紀北京再度奪冠，十九世紀倫敦登上世界第一舞臺，二十世紀二〇年代換紐約成為世界第一，直到二十世紀七〇年代才換成日本的東京成為世界最大都市。

眼尖的讀者應該已經發現，西元二千年中的前一千年，世界中心幾乎都在中東，後一千年，世界中心有六個世紀在中國。

海平面上升地圖

全球暖化會導致海平面升高，若是升高一公尺，會有哪些地方被海水淹沒呢？有些居住在靠海地區的朋友更關切的是，我家會被海水淹掉嗎？海水上升多少公尺，我家才會被淹掉呢？若想查看海平面上升會淹到哪裡，哪些地區會受到何種程度的影響，Google Maps 上有不少應用程序可以讓大家極其方便地查詢海平面上升後，海水淹沒的範圍。

海平面上升地圖

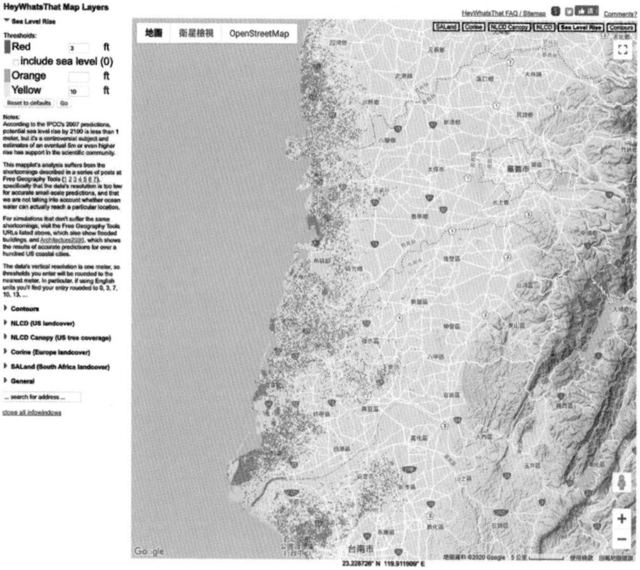

圖 8-4　海平面上升地圖網頁

類似的應用程序還有「洪水地圖」（掃描 QRcode），用臺北盆地做個實驗，郁永河在一六九七年專程到北投，用布匹交換原住民開採的硫土，當他抵達臺北時，淡水社社長張大告訴他，一六九四年這裡發生大地震，土地忽然間陷下去變成一個湖，還能看到竹子樹梢露出水面。根據「竹子樹梢露出水面」這句話，猜測水面約淹過房屋屋頂，而一層樓約為三公尺，於是我們試著輸入海面升高五公尺，果然關渡、社子、北投都浸泡在水裡。讀者可以試著輸入不同的海面高度，看看臺北哪些地區會變成水底世界，也可以試試看，光是升高一公尺的海平面，臺灣哪些地區會從地圖上消失？

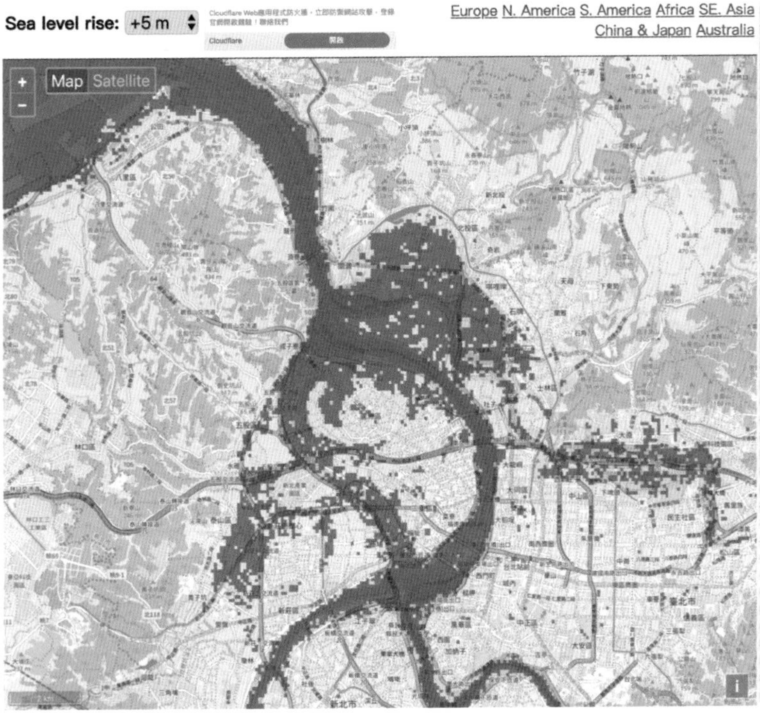

洪水地圖

圖 8-5　海平面上升地圖可以輸入三種海水高度，洪水地圖專注於海面升高後的影響範圍

這種低窪特性到現在，關渡都是臺北市最容易大面積淹水的區域，如果二十四小時降雨量達到五百毫米，關渡的淹水深度可以達到二～三公尺。

圖 8-6　關渡降雨量五百毫米的淹水潛勢圖

災害潛勢地圖

科技部國家災害防救科技中心建立了一個很實在的網站「災害潛勢地圖」，可以查詢全臺灣的「淹水潛勢」、「土石流山崩」、「斷層與土壤液化」、「海嘯溢淹及海岸災害」等各種生活中比較會碰到的自然災害，在空間中的分布情形。以斷層和土壤液化為例，臺灣是一個地震頻繁的地區，而買房子是一生不會做太多次的重大財務規劃，不同於買冰箱、洗衣機等家電般的思維，一定要全方位思考，而安全絕對是不可輕忽的考慮項目，若是買在已知斷層線旁，就要多多注意樓房的結構強度；若是買在土壤液化高潛勢區，也要多注意樓房的地基是否和土壤液化的危害風險匹配。土壤液化高潛勢區的房子不是不能建造，而是要有相對應的工程方式，若是土壤液化區不能蓋房子或蓋了不安全，那麼臺灣西海岸和鄰近地區，全都是土壤液化高潛勢區，豈不是要全面淨空成無人區了。

災難潛勢地圖

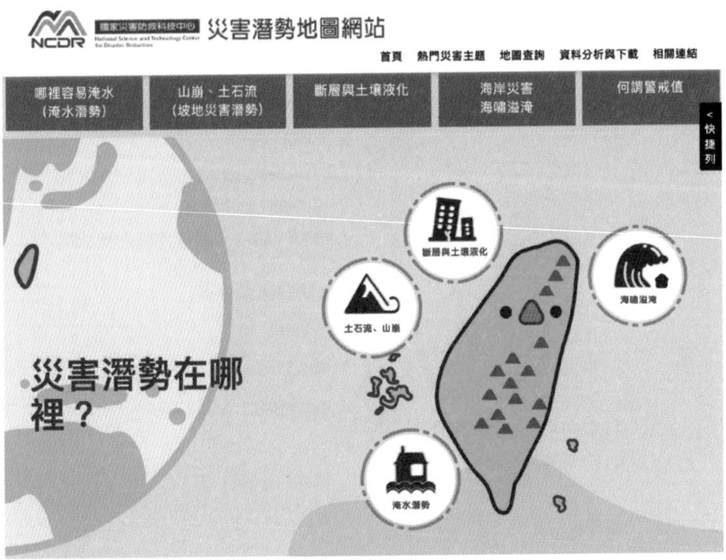

圖 8-7　災難潛勢地圖網頁

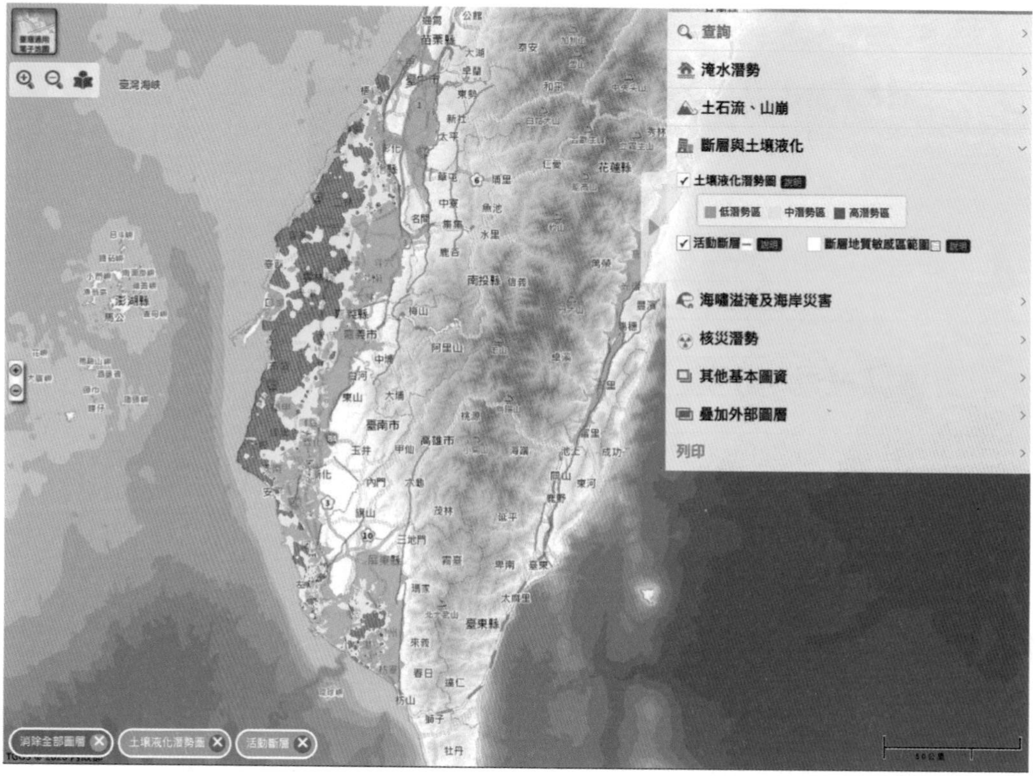

圖 8-8 斷層與土壤液化

臺灣每年總會下幾場豪大雨，許多人就會想知道，到底想購買的房屋地段會不會淹水呢？或是說，要下多大的雨才會淹水呢？關於這樣的問題，災害潛勢地圖也能提供解答。舉個例子，如果設定發生二十四小時下了六百五十公釐的強降水，你會發現有許多地方已經淹水了。例如臺北市松江路和民權東路二段交叉路附近的區域，在這種降水

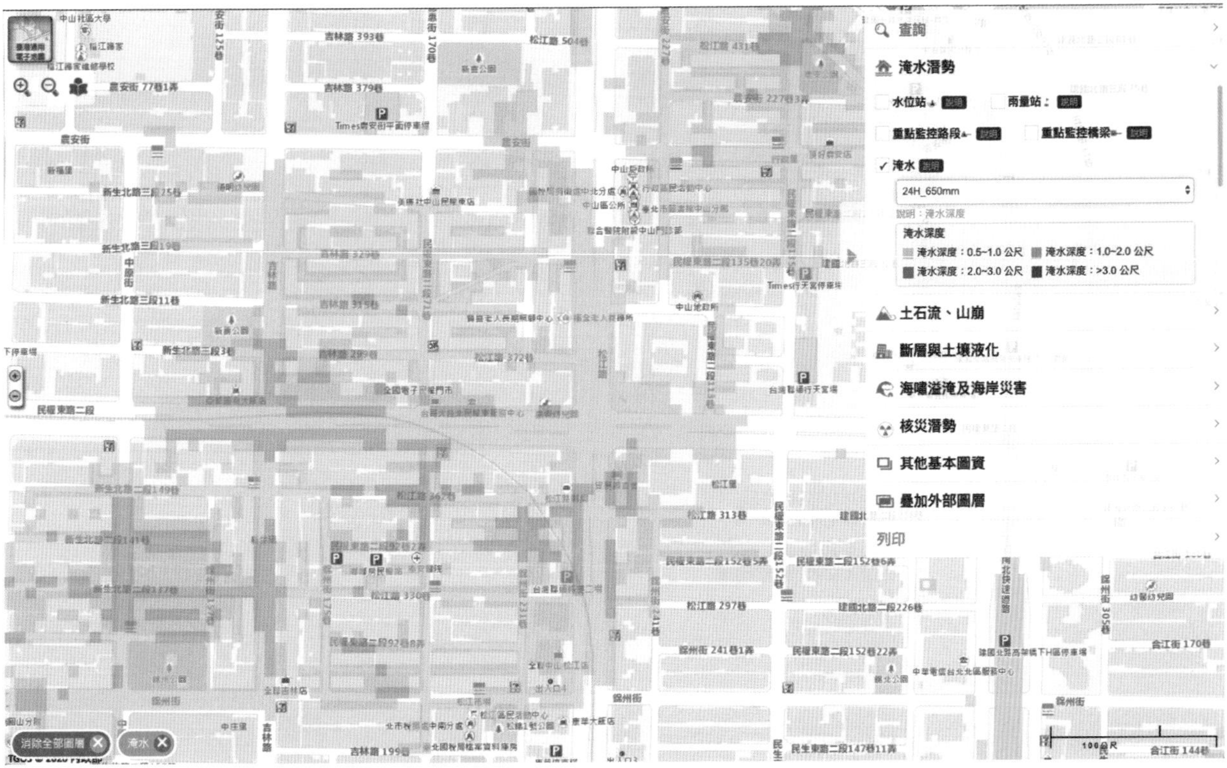

圖 8-9　臺北市淹水範圍

狀況下，多數地方會淹水〇．五～一公尺，部分區塊甚至會淹到一～二公尺。

國土真實面積

日常生活中最常見到的世界地圖是麥卡托投影地圖，最大的缺點是緯度愈高，比例放大愈誇張，例如到了緯度六十度的地方，在麥卡托投影地圖中，一個島嶼的面積就會被放大為原來的四倍；到了緯度八十度的地方會更慷慨，直接放大三十六倍。一旦大家習慣了嚴重失真的狀態，就會對這個世界產生認知偏差的問題。舉例來說，我們總會「小看」非洲，主要有兩個原因，一是非洲比較窮，世界舞臺的鎂光燈不會聚焦在窮國；另一個原因就是麥卡托投影害的，由於赤道剛好橫穿過非洲腰部，對麥卡托投影來說，赤道就是標準線，也就是變形量最小的地方，一條變形量最小的標準線穿過腰部，使整個非洲的變形量相比於其他離開赤道比較遠、位居溫帶的已開發強國來說，都要小上許多。

圖 8-10　國土真實面積網頁

國土真實面積

非洲到底有多大？運用「國土真實面積」的網頁程序來感受一下，用美國、中國和印度進行對比，會讓人忽然不太適應，因為這三個國家的國土疊在非洲上都還填不滿呢！這個網頁程序很容易操作，左上角輸入國家名就會在地圖上出現相對應的國土，要移動國土位置，點擊並拖移即可；若是要旋轉國土位置，點擊左下角的方向羅盤並旋轉即可。

類似的國土面積比較還有 MapFight 網頁程序，這個網頁就如其名所說的，兩個國家的面積對決，除了簡單而直覺，還有一個優點就是會標示這兩個國家的國土面積，以及相差多少倍。

還有個叫「My Life Elsewhere」的網頁程序更加多元，除了比較兩個國家的國土面積以外，還能比較生活質量和生活成本，甚至還能用兩個城市的生活成本來相互對比。不過要有心理準備，因為人比人氣死人，就拿臺北市和東京來對比，直覺上，東京應該所有東西都比臺北貴才是，事實上多數花費確實是如此，但是，東京的麵包、奶酪、牛奶、雞蛋、運動鞋、幼兒園費用卻比臺北便宜，一樣貴都已經讓人不開心了，臺北竟然還有東西比東京貴，太神奇了。

MapFight

My Life Elsewhere

即時世界空氣指標地圖

始於十八世紀末的第一次工業革命是人類歷史上最偉大的事件。在工業革命前，全世界的個人財富，在長達數千年裡都沒有太大的提升。根據英國著名學者安格斯・麥迪遜

(Angus Maddison)的研究，西元元年，古羅馬的人均GDP大約是六百美元；到了工業革命前，西歐的人均GDP只增長到約八百美元；中國的情況類似，西漢末年人均GDP達到四百五十美元左右，一千八百年後的康、乾盛世時期才達到六百美元左右。

但工業革命後，這個世界真的產生巨大變化。歐洲在二百年間人均GDP增加約五十倍，而中國在短短的四十年裡就增加了十幾倍。工業革命帶來的延伸好處，就是讓人類平均可以比以前多活一倍的時間。副作用當然也不少，例如帶來令人煩惱的空氣汙染，影響人類健康，但不可忽略的是，我們是在活得長了兩倍甚至以上的壽命下被影響健康。若是不從全貌來看人類發展，非常容易讓人走向極端，這並不是處理人類發展的好現象。

空氣汙染到底有多嚴重呢？空氣汙染「此時」在哪個地區比較嚴重呢？要找尋這個答案，可以拜訪「即時世界空氣指標地圖」網站，此網站的右下角有一個設定按鈕，可以將網站顯示為中文。網站上方則是世界分區選項，包括亞洲、歐洲、北美、印度、中國、日本等。觀看空氣汙染的空間分布，最好配合可以顯示全球風向資料的地圖，因為一個區域的空氣汙染除了汙染源的因素外，很大一部分的問題來自風向與風速，若是一個地區一直處在無風狀態，而汙染源又大量供應的狀況下，這個地區的空氣汙染情形當然就值得憂慮了。而關於能提供風場狀況的網頁程序，最著名的就是「Windy」，若是覺得 Windy 網頁強大，但功能太多，只想要看看風場的顯示就好，也有專門顯示風場的網頁，例如「EarthWindMap」。

Windy

EarthWindMap

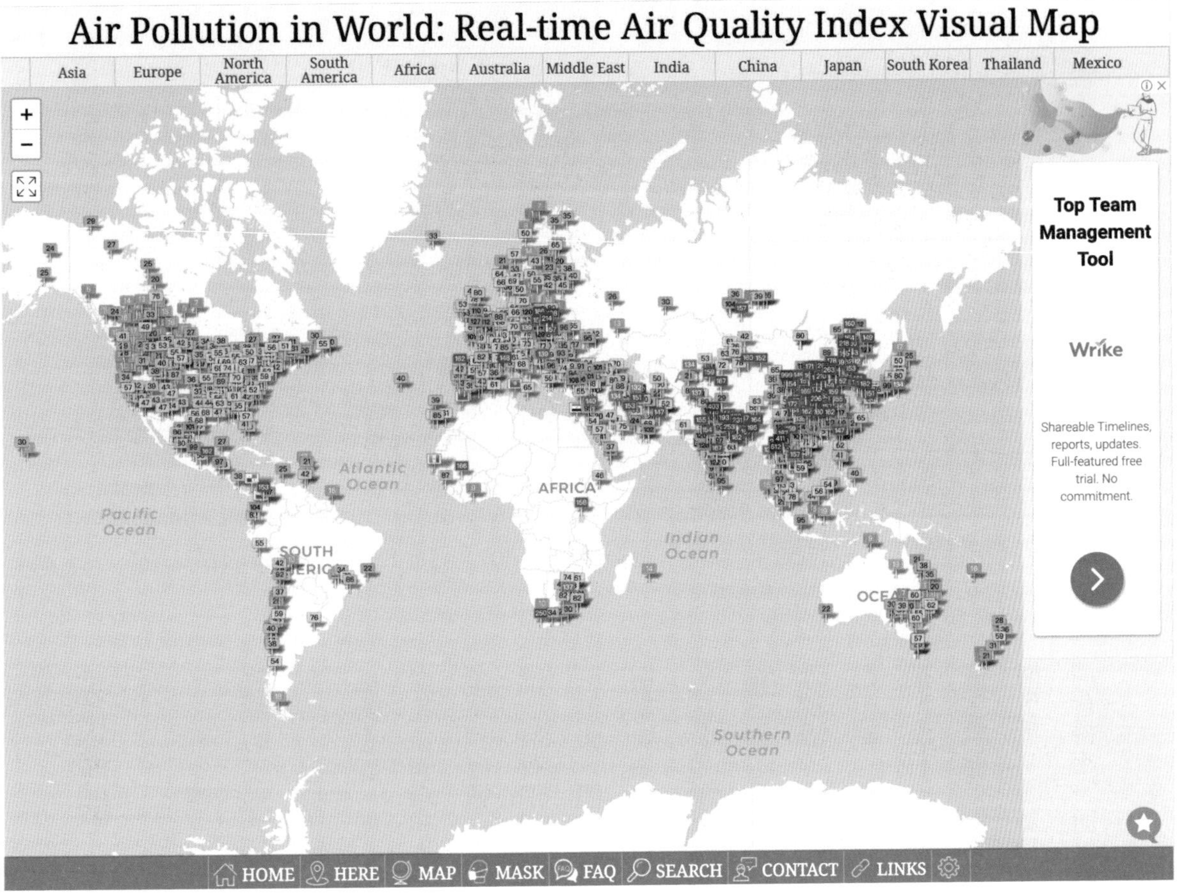

圖 8-11　即時世界空氣指標地圖網頁

即時世界空氣指標地圖

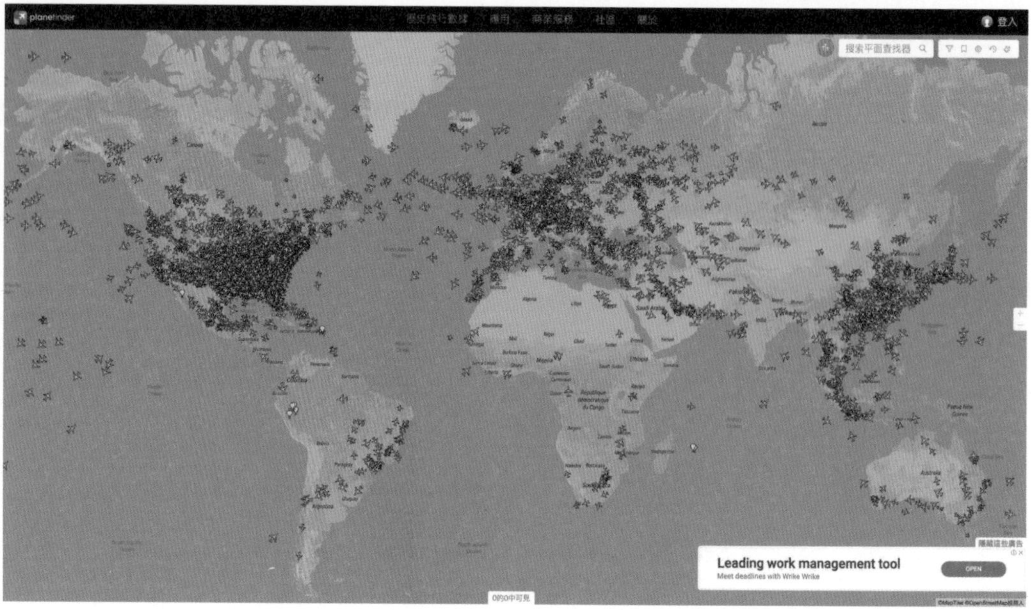

圖 8-12 尋找飛機網頁，PlaneFinder 展示全球範圍時，能立即顯示出各區域、城市發展的強弱

尋找飛機

不少朋友有去機場接機的經驗，最難熬的不是要等多久，而是不知道要等多久，這種不確定性會讓人有失去掌控感的焦慮。衛星導航還未出現的年代，從花蓮開車回臺北，會一直有種路程迢迢，到底還有多遠，怎麼還沒到的焦躁感。但有了衛星導航後，這種焦躁感立刻消失，因為你非常清楚自己在哪裡，還需要幾分鐘到家，一切都在掌控中。你認為這種心理很奇葩嗎？不，這是一種普遍心理，每次只要有強颱侵襲、病毒肆虐等不可控因素進入眾人的生活，衛生紙一定會被搶購一空，每次都這樣，沒有一次例外。衛生紙能防颱嗎？衛生紙能抵擋病毒嗎？為什麼大家要搶衛生紙？因為購買衛生紙是一種人人都消費得起，而且就算沒用到也可以放很

尋找飛機

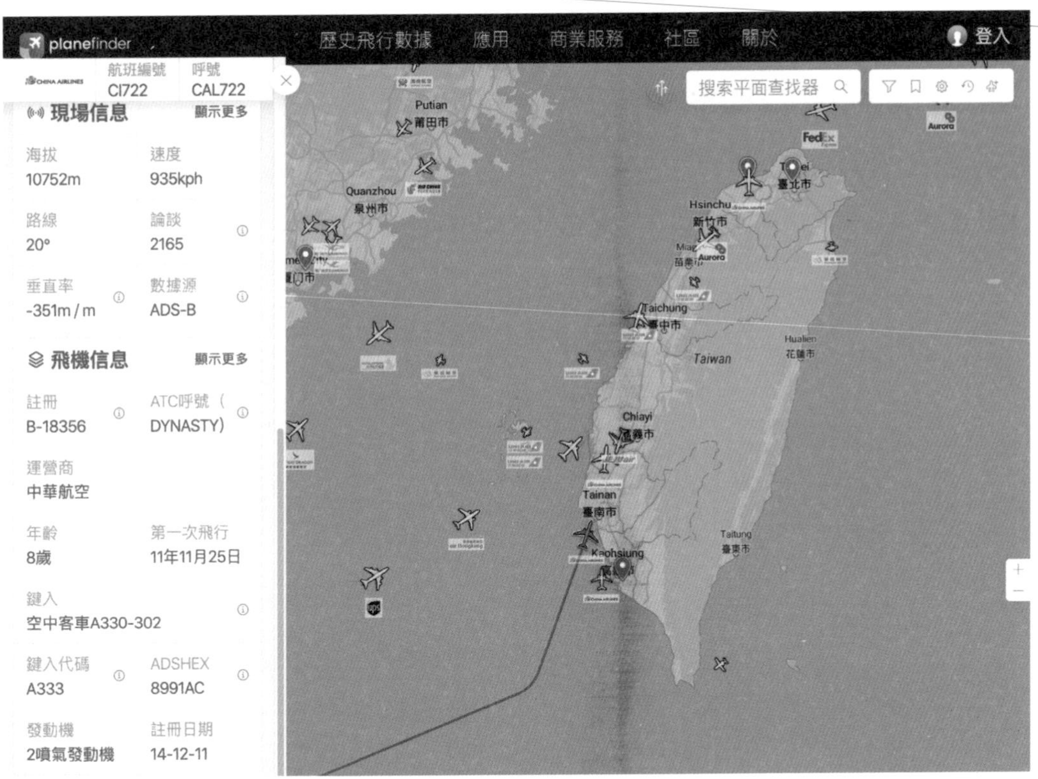

圖 8-13　放大到一定程度後，每架飛機幾乎都是即時回報位置，點選任一飛機，都能看到該機的相關參數

久的商品，最關鍵的是，買到衛生紙可以滿足一點掌控感，內心會覺得我能買到大家都在搶購的物資。

去機場接機，當你提早一小時就到出境大廳時，偏偏飛機誤點；當你預估就算準時抵達，拿行李也要花很長時間，那就稍微晚一點到出境大廳，偏偏飛機不但準點，而且行李拿很快，親友已在出境大廳找你……真的很糗。然而這種不確定性其實可以透過「PlaneFinder」網頁程序幫忙，一打開就可以看到一堆看似靜止的飛機，可是只要拉近地面，就能看到這些飛機實際上都在持續移動中。點選任何一架飛機符號，視窗左側立刻就會跳出起迄點和已經飛過的航跡，以及各種飛行參數和預計抵達時間。當你使用搜尋欄位搜尋親友的飛機，並找到該機現在的飛行位置時，那一刻，不確定感瞬間變成了掌控感，驕傲地環視周遭大批等待接機的人群，因為你感受到了神性，具備了神一般的視角。

「PlaneFinder」網頁程序很實用，但必須用電腦來看，還好這個程序也有安卓版和蘋果版的APP，因此也可以使用手機或平板執行程序。有尋找飛機的網頁程序，那有沒有尋找船隻的呢？有！尋找船隻的網頁程序就稱作「ShipFinder」，可以快速顯示全世界各大港口停靠的船隻數量，但對於正在海上航行的船隻則缺乏關注。「MarineTraffic」網頁程序則可以顯示全世界的貨輪、油輪、漁船等各式船隻的即時（幾乎）位置，不過除了臺灣周邊沿海附近的船隻會顯示較詳細資料外，其他船隻資料就必須付費才行，雖然如此，用這個網頁來了解海上世界的繁忙景象、海上通路咽喉位置的分布，以及世界各國經濟榮枯的參考，還是非常有價值。

另外，類似的網頁程序，還有一個能華麗顯示全球飛機大圓航線的「飛行流」網頁，也是一個很炫目吸睛的飛行流動展示。

ShipFinder　MarineTraffic　飛行流

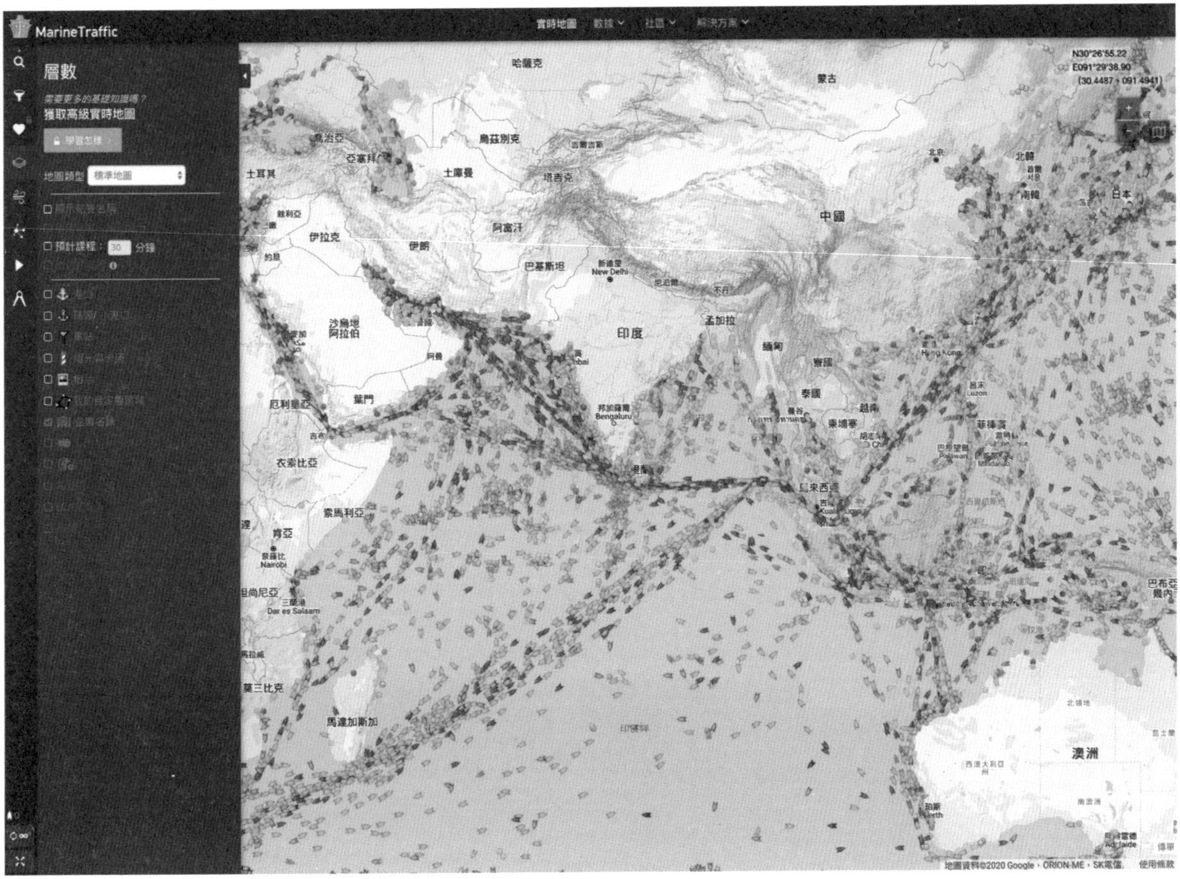

圖 8-14　MarineTraffic 網頁程序幾乎可以找到地球上的所有船隻（付費）

尋找油井

人人都與石油息息相關，路上跑的，天上飛的，身上穿的，生活用的，大量的生存、生活物資都依賴石油，但一般人除了知道波斯灣地區產油，聽說美國也產油外，到底還有哪裡產油？油井的確切位置在哪？卻少有人能說得明白。尤其是海上的油井，就像茫茫大海中的一座渺小孤島，非常容易受到潛在敵人的武力攻擊、暗中破壞，所以對油井的擁有者而言，精準座標還是不要公告天下比較務實。不過這樣就讓想了解、研究全球油井發展狀況，或是油井過度擴張，導致採油企業危害環境的誇張行徑，無法得到確實的掌控。

於是，SkyTruth 這個網頁程序就應運而生了，由於開採石油的過程中，必須將有毒物質直接燃燒掉，所以油井附近都會有一根長時間不斷燃燒的噴火口，這個噴火口的火

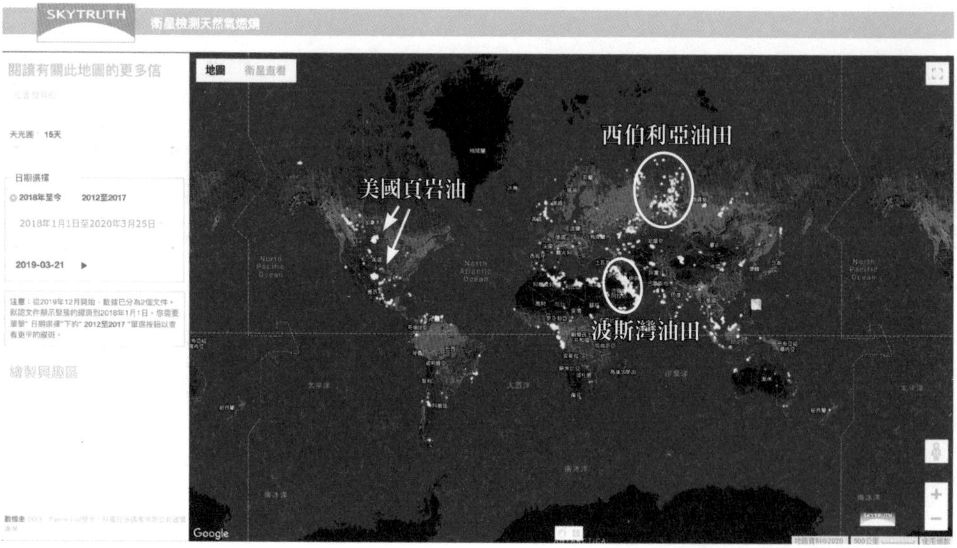

圖 8-15 尋找油井網頁

尋找油井

焰在夜晚時特別的醒目，因此用衛星來觀察夜晚的地球，所有的油井噴火口都將一目瞭然。將 SkyTruth 網頁畫面移到西伯利亞，你將會感到驚嘆，在那麼高緯度的地區，夏季夜晚氣溫動不動就來到零度，冬天更不用說了，零下一、二十度屬於常態，可是這個不宜人居、鳥獸罕至的無人區，竟然在衛星顯示下一片火點大放光明，這些火光亮點就是俄羅斯在西伯利亞的石油田油井。二〇一六年，俄羅斯原油產量曾占全球產量的一三．八二％，超越了沙烏地阿拉伯，成為全球最大的產油國，當年美國則是排名世界第三。不過隨著德州頁岩油產量大增，二〇一七年，美國開始超越俄羅斯和沙烏地阿拉伯，反倒成為全球最大產油國直到現在。不過這種石油產量排名的變動，也就意味著全球地緣政治格局的改變。

美國有一派人（人數愈來愈多）認為美國不應該在中東繼續投入人力、物力，應該趕緊撤收，理由如下：

第一，中東讓美國持續失血，讓美國愈來愈虛弱。按美國國防部的報告，截至二〇一九年上半年，光是直接的作戰費用就已達到七千六百億美元，相當於臺幣二十三兆（臺灣一年總預算約二兆）。一個中東才半年就燒掉臺灣近十二年的年度總預算，真讓人感嘆讓美國智商難以發揮的制度。

第二，中國成為美國的主要對手，所以美國應該把資源、戰力轉到亞太和印度洋方向。

第三，美國產油量大增，已經達成能源獨立，不再渴求中東的石油了，無須過度投入到中東地區。

另外，南海在可預見的未來，也會是國際爭端的熱區，因此這裡的石油開採情況也會變得更加複雜。目前在南海開採石油最賣力的國家包括汶萊、馬來西亞和越南，中國則有逐漸加強之勢。中國在南海可謂後發超越，最晚開發，但現在戰力卻最龐大，甚至在領土上，以人力從根本上改變自然格局，過去你問南海諸島的最大島是誰？答案當然是中華民國擁有的太平島，但現在事實已經改變了，美濟礁的面積經過人工造島後，成為太平島的十三倍大，礁變成島後，島上設施一應俱全，成為中國在南海軍力延伸的海上堡壘之一（還有永暑島和渚碧島）。對應南海局勢的變化，美國的南海政策也跟著轉變，已經由過去在南海問題上相對中立的態勢，往選擇性介入、干預南海問題的方向轉變。

全球瞭望臺

對於二〇一九年澳洲無尾熊、袋鼠被火吻等怵目驚心的新聞畫面還有印象嗎？這場火從二〇一九年九月延燒到二〇二〇年一月七日，大火燃燒超過八百四十萬公頃的土地，比兩個臺灣的面積還大，估計有五～十億隻動物慘遭燒死，或是因為缺乏棲息地、糧食而喪命，澳洲生態大約需要上百年時間才能復原。

其實澳洲每年都有自然發生的森林大火，尤其是南半球的夏季期間（十一月到二月）屬於乾燥炎熱氣候，更容易引發野火。但這次大火特別嚴重，在過去同樣的時段，每個月降雨量約一百至三百公釐，這樣的雨量已經連續三年未能達標，再加上氣溫最高達到攝氏四八．九度，根本就是滿屋子的乾柴，卻還有人忘了關暖氣，大火已是必然，只是這回人力難以遏止，而且離澳洲的人類居住地比較近。

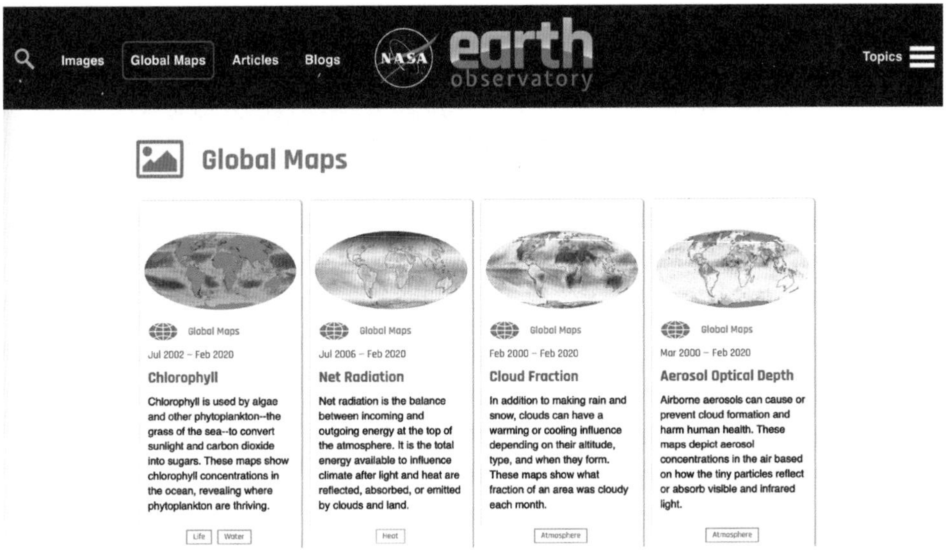
Images
Global Maps
Articles
Blogs
NASA
earth
observatory
Topics
Global Maps
Global Maps
Jul 2002 – Feb 2020
Chlorophyll
Chlorophyll is used by algae and other phytoplankton--the grass of the sea--to convert sunlight and carbon dioxide into sugars. These maps show chlorophyll concentrations in the ocean, revealing where phytoplankton are thriving.
Life
Water
Global Maps
Jul 2006 – Feb 2020
Net Radiation
Net radiation is the balance between incoming and outgoing energy at the top of the atmosphere. It is the total energy available to influence climate after light and heat are reflected, absorbed, or emitted by clouds and land.
Heat
Global Maps
Feb 2000 – Feb 2020
Cloud Fraction
In addition to making rain and snow, clouds can have a warming or cooling influence depending on their altitude, type, and when they form. These maps show what fraction of an area was cloudy each month.
Atmosphere
Global Maps
Mar 2000 – Feb 2020
Aerosol Optical Depth
Airborne aerosols can cause or prevent cloud formation and harm human health. These maps depict aerosol concentrations in the air based on how the tiny particles reflect or absorb visible and infrared light.
Atmosphere

全球瞭望臺

圖 8-16　全球瞭望臺，包含十六種主題地圖網頁

想要宏觀地了解全球各地野火和人為放火的分布狀態，可以進入美國太空總署下的「全球瞭望臺」網頁，包含十六種主題的世界地圖，其中一種就是以「火災」為主題，這把火可能是由閃電引起，例如加拿大夏季的北方森林常發生自然火災，就是由乾燥和閃電自然循環的結果。但也有人為引起，例如人們使用受控火種管理農田和牧場，清除農田的自然植被，八月至十月期間南美洲的亞馬遜雨林和南邊的疏林莽原，就是當地人人為觸發所引起的火災。而整個非洲，隨著每年旱季的南北移動，一系列廣泛的農業焚燒，從北到南席捲了整個非洲大陸。另外，整個東南亞每年的冬季末和春季初，也會進行農業燃燒。

「全球瞭望臺」網頁除了火災這個主題外，還有葉綠素、淨輻射、雲層分布、懸浮微粒分布、水氣、植被、地表

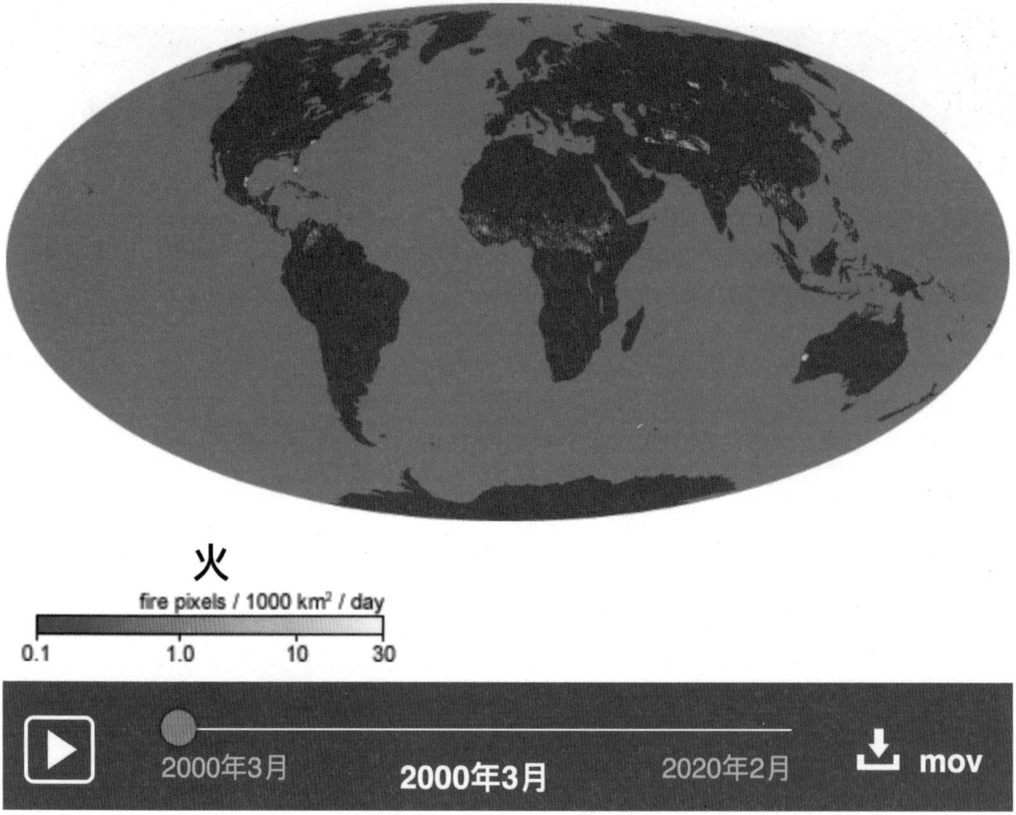

圖 8-17 開啟動畫後，你會很驚奇地看到，全球各地到處輪替著各式各樣的火災

溫度、冰雪覆蓋、海面溫度、一氧化碳、地表溫度異常、淨初級生產力、懸浮微粒尺寸、海面溫度異常和總降雨量共十二項主題。每個主題都是我們生活的環境檢測指標，把這些主題依據不同地區分項說明，接著再疊加分析，簡直可以有說不完的故事啦！

詩詞地圖

「羌笛何須怨楊柳，春風不度玉門關。」大家應該很熟悉吧！古詩詞中有提到玉門關的還真是不少。再例如「玉門關城迥且孤，黃沙萬里白草枯」，又例如「半夜帳中停燭坐，唯思生入玉門關」，那麼不斷被提到的玉門關到底在哪裡呢？在今天甘肅省敦煌市西北八十公里的戈壁灘上，而如今的玉門關，只是位在遍地礫石與無盡沙土的一座小小的建築遺址。為什麼受到歷代文人墨客的青睞呢？因為漢朝以後，以陽關和玉門關為界限，玉門關就相當於今天的海關，一走出這裡，無論是在經濟、文化、心理和政治上，都是重大的臨界點。

蘇軾被貶到黃州時，寫了一首〈念奴嬌．赤壁懷古〉的詞，隨便幾句如「故國神遊，多情應笑我，早生華髮。人生如夢，一樽還酹江月。」一句句詞句傳誦千年不墜。不過赤壁到底在哪裡呢？蘇軾被貶到的黃州是現在的湖北省，而赤壁就在黃州城外，史上著名的赤壁之戰便是發生在黃州城外。

解析著名詩人，除了研究生平、足跡，寫某首詩時所在的地點環境、心境，都會對詩人們留下的意識，獲取更為深層的理解。「搜韻網」是由一位既是詩詞狂熱愛好者，又是一名程式設計師所建立的文學研究網站。這個網站絕對是文學、詩詞愛好者尋尋覓覓的天堂，例如想找到哪些詩詞裡有觸及天氣或節氣、山河名勝、佛教、道教、建築、食物等各類主題，在這個網站裡可以做到一鍵搜尋，真讓人感動啊！除此之外，還有典故查詢、對帳詞彙等整理，豐富且精彩。當然最讓筆者眼睛為之一亮的，是將詩人、詩詞相關觸及的地點標示在地圖上，瞬間將龐雜的資料加以圖形化、空間化。例如想要進一步了解蘇軾，可以進入「唐

詩詞地圖

圖 8-18 進入「唐宋文學編年地圖」中搜尋蘇軾的相關資料

宋文學編年地圖」中，在搜尋欄位輸入「苏轼」，是的，你沒看錯，要用簡體字輸入才行，這個網站的上方有一個「簡繁轉換」功能，可以先在這個功能頁面中，輸入繁體文字，再轉成簡體文字，複製貼上到搜尋欄中，畫面就會顯示蘇軾一生走過的地方，點選任一走過的地點，還能顯示他在這裡寫了哪一首詩詞。看著蘇軾一生走過的地圖，讓人有種古代交通真便利的錯覺。他走過的範圍，西邊從四川的雅安到東邊的上海，最北到河北的定州，最南到海南島的陵水，行走範圍之廣，會讓人以為他是個狂熱旅行家，一輩子風塵僕僕走來晃去，難怪會說「多情應笑我，早生華髮」。人生如夢，一樽還酹江月」。

第九章

如何探索研究這個世界？

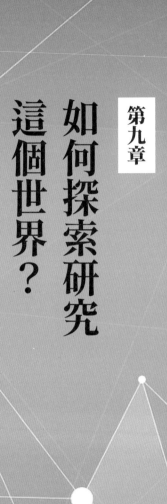

什麼是地理？

這是一個老掉牙的問題，但即使到了今日，問問周邊的人或父母，恐怕還是會令人感到困惑，說不定對方還會給一個帶點開玩笑般的回答。例如，地理呀！就是看看風水的地理先吧！或者是，地理……不就是一個背多分的科目嗎？

在回答什麼是地理前，倒不如先思考一下，班級課表上這麼多學科是怎麼來的？這些學科不可能在原始人類時代就有了，而且隨著時代進步，學科的種類愈來愈多。一個學科其實代表著人們對一件事的特殊觀察角度；一個學科就代表一個視角。舉例來說，我們眼前的杯子，如果採取的角度是要用什麼材料才能不燙手且保溫，衍生出來的學科就包含了材料科學；如果採取的角度是要製成什麼形狀才拿得舒適且順手，就會帶到人體工學；若是從人類第一個杯子何時出現？從第一個杯子到現在，型態、材料與文化有何種相互的影響？從時間角度觀察某個現象就引出了歷史學。

那麼地理學呢？地理學是什麼角度？有一個大地主想了解土地上為什麼這裡種A菜？那裡種B菜？所有農作物的分布，背後有沒有一個道理呢？這位大地主的數學還不錯，最後發展出一套簡單的數學模式來解釋農作物的空間分布，他就是出生在德國南部的邱念（Thuenen），這套理論稱為「邱念農業區位論」。邱念看待農作物所採取的角度是空間視角，用這種角度看世界就是地理學的視角。

地理議題

進行地理學探究，首要第一步就是找到一個好的地理研究議題。

網路上有一段短片，場景是一間幼兒園的老師問一群天真無邪的小朋友：「樹上有十隻鳥，獵人開槍打死一隻，請問樹上還剩幾隻鳥呢？」大部分受過正規教育、訓練有素的人，都會很直覺地回答九隻鳥。可是短片中的小朋友是怎麼回答的呢？

第一個小朋友說：「獵人用的是無聲手槍嗎？」老師趕緊回答是一般的槍。其他小朋友接著問：「確定那隻鳥是真的被打死了嗎？」「鳥有沒有被關在籠子裡？」「鳥有沒有智力問題，是不是聽到槍聲都不知道要飛走？」老師啼笑皆非，小朋友仍然不放過老師，繼續問：「有沒有殘疾或餓得飛不動的鳥？」「有沒有懷孕的鳥？」這時老師從啼笑皆非轉而有點生氣。小朋友還是不放過，持續詢問：「有沒有情侶呢？一方被打中，另一方會陪著殉情嗎？」

短片也許是設計過的，但卻提醒了我們，多數人接受各種禮教與各式規範，發現問題的能力有時反而不及白紙一張的小朋友。

愛因斯坦曾說過：「提出一個問題往往比解決一個問題更重要，因為解決問題也許僅是一個數學或實驗上的技術而已。而提出新的問題、新的可能性，從新角度看舊問題，卻需要有創造性的想像力，而且標誌著科學的真正進步。」未來最受關注的發展，普遍認為是人工智能和大數據，大數據要發揮價值，有兩個方向。第一，從資料的分析中看出問題；第二，從真實世界中發現問題、大膽假設，再透過大數據找答案。所以「看出問題」與「發現問題」是極其珍貴的能力，提供答案反而是幾乎免費的，例如 Google 大神每天回應十億次查詢，完全不收錢。但 Google 卻需要高手從這每天十億次的查詢資料中「看出問題」與「發現問題」，Google 願意付出高價給那些能夠從大數據中提出到位且精準問題的人。至於提出既有問題解答的人，總是有人會願意免費服務。

地理學是從空間的角度看世界，而且這個空間必須要與人相關，既然與人相關，但凡地球上的政治、交通、聚落、經濟、人口、地形、氣候、水利、土壤、生物等統統都與地理相關，那地理豈不是樣樣皆通？是的，地理真的是樣樣皆通，不過有陽光之處必有黑影，地理卻也因此樣樣皆鬆。

對地理而言，鬆不是問題，只要能把握跨領域的「通」，就能幫助愈走愈細分的各個學科，提出一個綜合各個角度的宏觀視野。無論我們的視野朝向哪個方向，都要以宏觀的角度問對問題，在真實世界中，從大量數據裡找到現象間的關聯性，才能讓數據發揮出價值，當然值此同時，也就讓我們產生價值。

提出地理研究議題的過程中，研究者一開始都會犯一個大家都會犯的毛病，就是提出超過自己能力的研究議題。例如一開始設定的議題是「臺灣水利設施的研究」，然而這個題目連寫一本博士論文都嫌太大；於是改成「桃園水利設施的研究」，很抱歉，範圍還是太廣了；再改成「桃園縣龍潭鄉水利設施的研究」，這次範圍縮小到龍潭鄉，看起來比較可行。不過，實際經過文獻收集、實地調查、論文撰寫後，題目最後訂定為「桃園縣龍潭鄉水利設施的初步研究」，或許更為符合論文的本質。現在研究的議題，又是範圍「只有」一個鄉的大小，又是只做了「初步」研究，感覺似乎不夠大器。其實，無需在意自己所提出的研究議題像個「小問題」，許多重大問題往往是許多「小問題」的逐步積累，或者在「小問題」無法得到破解的基礎上所提出，離開對「小問題」的研究，就不會有後來的重大問題。

探索臺北古城

試著對臺北古城這個大方向來尋找有趣的探究議題，現在我們從臺灣百年歷史地圖中，探索累積大量臺北市的地圖資料。這些歷史地圖記載了豐富的自然、人文地理資訊，是了解一地聚落開發與土地利用變遷的重要參考資料。

首先，打開「臺北市百年歷史地圖」，在圖層視窗中的第一頁開啟一八八八年的「臺北府之圖」，可以看到臺北城的城牆位置，以及城牆外的護城河，還有城內稀稀落落的屋舍，此時城中心位置尚無後來出現的天后宮，但是西城門外有媽祖宮的標示。

接著請開啟一八九五年的「臺北及大稻埕・艋舺略圖」，在臺北城的中央核心，十字路通達廣場，廣場中矗立著百姓集體信仰中心的天后宮，將地圖透明度調高，可以看到天后宮原址位在如今國立臺灣博物館後方的公園，這裡的角落上還可看到一些當年殘餘下來的石材碎片，而天后宮原址的西北角，恰好是臺灣廣播電臺放送亭。當年日本人為了彰顯在臺殖民的政績，規劃在天后宮北側建築國立臺灣博物館，並將緊鄰的天后宮規劃為公園預定地，而原有天后宮供奉的金面媽祖神像，則移至三芝的福成宮。

「臺北及大稻埕・艋舺略圖」中的艋舺，可以看到「祖師廟」和祖師廟東南側的「耶

臺北市百年
歷史地圖

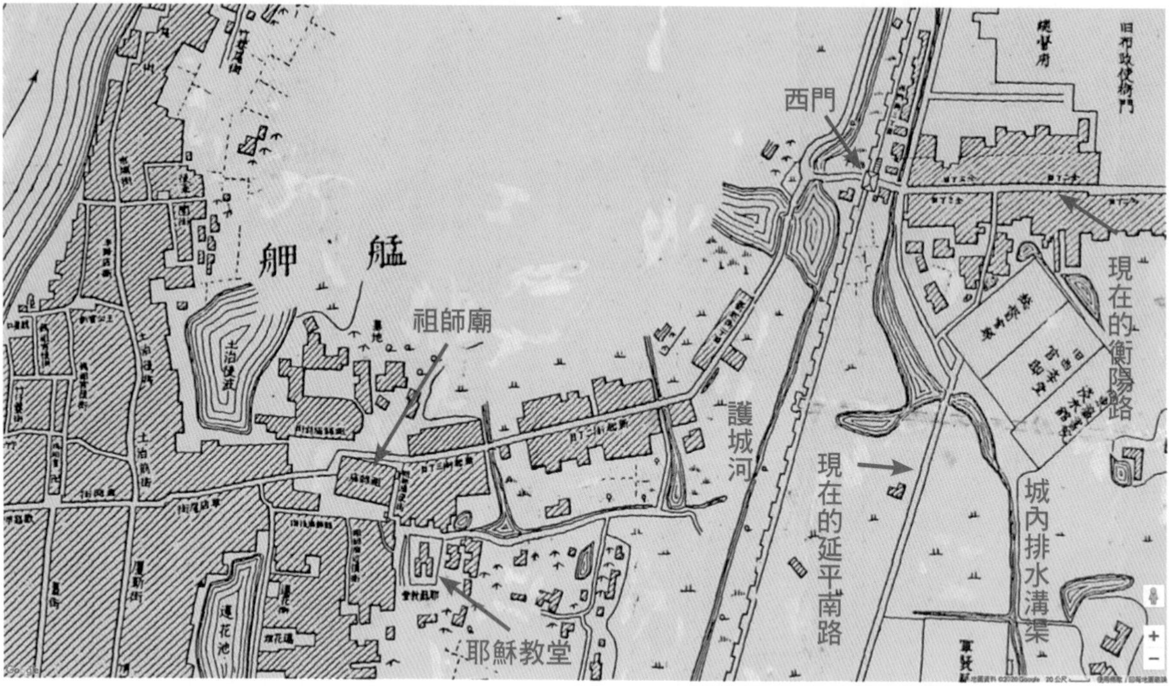

圖 9-1　一八九五年的臺北大稻埕艋舺

穌教堂」。地圖上標示的祖師廟，興建於清乾隆五十二年（一七八七年），如今的全名是「艋舺清水巖祖師廟」，和艋舺龍山寺、大龍峒保安宮合稱「臺北三大廟門」。另外，地圖上標示的耶穌教堂，則是興建於清光緒十一年（一八八五年），晚了祖師廟近一百年，幾乎與後來臺北城內的天后宮同一時間。寺廟和教堂今日仍在原址，只是教堂已非原教堂，倒是祖師廟仍有部分保存。

臺北城的東北角有一標示「考棚」的區域，這個考棚是提供科舉考試用。當年臺灣只有一個臺南考場，臺北人要去考試得走三百公里到臺南府城，非常辛苦。因此劉銘傳想建考棚造福地方，其後福建泉州晉江人洪騰雲，決定捐地又捐錢以成其事。調高古地圖的透明度，會發現這裡除了臺北市議會舊址外，還有不少補習班分布在附近，真是機緣湊巧。

臺北城的四邊城牆及城牆外的護城河，如今都成了特別寬廣的馬路。在寬廣的馬路中，有兩條特別寬闊的馬路分隔島，上面種滿綠草和樹木，在自由戀愛開始發芽的社會中，熱戀男女經常選擇這片隨著道路延伸的青草綠樹分隔島散步約會，成為那個時代許多人的共同記憶，古早歌曲〈月夜愁〉的歌詞「月色照在三線路，風吹微微，等待的人，怎麼還沒來」，歌詞中的三線路，說的就是圍繞臺北城牆被拆除的四個邊而建成的寬廣馬路。

臺北城牆被拆除的四個邊，既然建成了寬廣道路，多少會對後來的道路產生方向上的影響，例如有不少道路就平行著中華路一段和中山南路，如林森北路、林森南路、昆明路、延平南路、杭州南路一段、金山南路一段等。再例如臺北城北側是忠孝西路一段，而與其平行的有長安西路、南京西路。但臺北城南側，愛國西路附近的道路就少有平行道路，這和臺北城南側城牆原本就不是一條直線不無關係。了解一個都市的道路格局，運用古地圖與現有的衛星影像疊圖，從歷史軌跡在空間發展的角度觀察，也是一個直觀且綜合的視角。

探索臺北古城的過程中，不斷使用「臺北市百年歷史地圖」系統，使用者可以任意選取圖層進行套疊，並調整不同的透明度，輕易地進行不同時期間地圖套疊與比對作業，以此來掌握臺灣各城市百年來環境變遷的基本資訊。同樣的方法也適用於「臺灣百年歷史地圖」的各種古地圖，因此在全臺灣各地的學子，都能運用同樣的方法探索各區域的開發變遷史。

亞里斯多德提出「邏輯思考」的重要性，強調因果性的邏輯思維。一九八二年，義大利人愛德華・德・波諾 (Edward de Bono) 提出了「水平思考法」，為了和亞里斯多德的邏輯思維對比，刻意邏輯思考改名為「垂直思考」，共同成為建構心智地圖的核心精神。水平思考強調的是「思維廣度」，又稱為發散性思考，關注在「聯想力」；垂直思考強調的是「思維深度」，強調順序、推理的合理性，關鍵項目前後必須要有因果邏輯關係。

從「水平思考」與「垂直思考」的角度切入探究，就有許多可以繼續探究的議題；若是從水平思考的角度發展，以臺北城為主題又可以延伸出許多議題。例如，當時城中的街道、城門、城牆、護城河、古地圖、天后宮、建城位置的選擇、為何要建城、建城的石材等，甚至是建造臺北城時期，前後任的巡撫對於建城理念的堅持，都是非常值得繼續擴展的探究議題。

若從垂直思考的角度發展，從牡丹社事件的前因後果延伸，到清朝判斷日人若從北部侵臺會對臺北產生威脅，再到如何撥款、募款開始籌建臺北城，又如何因募款的來源而影響到臺北城的選址等。從強調因果邏輯關係來選定探索議題，會是一個相當明確、優質的嘗試。

試試看

一、一八八八年的「臺北府之圖」，城中心位置尚無後來出現的天后宮，到了一八九五年的「臺北及大稻埕・艋舺略圖」，城中心已經出現了天后宮，請拿出手機查詢資料，找找天后宮的建成時間為何？

答：光緒十四年（一八八八年）。

二、艋舺清水巖祖師廟和哪裡來的移民有關？艋舺清水巖祖師廟出現在臺北市哪一所高中的校史中？

答：今日的福建省泉州市安溪縣；成功高中。

三、臺北城的西門是唯一被日本人拆除的城門，請用「臺北及大稻埕・艋舺略圖」找到西門的位置，再調高古地圖的透明度，看看西門位於今日西門捷運站的幾號出口？

答：四號出口。

四、古早歌曲〈月夜愁〉，歌詞中的「三線路」，是今天的哪幾條道路呢？請打開「臺北及大稻埕・艋舺略圖」查查看。

答：臺北城南邊的是愛國西路，臺北城西邊的是中華路一段，臺北城北邊的是忠孝西路一段，臺北城東邊的是中山南路。

如何提出好問題？

好的探究必須從好的提問開始，首先要區分「問題 (problem)」和「提問 (question)」的差別。例如你感覺住家附近的河口有點奇怪，似乎變寬了？這只能叫有問題，還不能展開探究，必須把問題變成可探究的提問才行。於是你可以提出以下幾個問題，第一、河口真的變寬了嗎？要如何找到證據證明？第二、若是河口真的變寬了，海水侵蝕力有變嗎？泥沙堆積量有變嗎？第三、若是堆積量改變，是來自海砂的堆積改變，還是河川上游的泥沙堆積改變？這些提問的內容，顯示出思維視角和思維模型。讀完一堆資料，看過幾篇論文，為什麼有的人可以提出關鍵問題，有的人不能呢？這就取決於你的頭腦中是否有思維模型。

物理學家費曼 (Richard P. Feynman) 在《別鬧了，費曼先生》有一段自述：

> 譬如說，那些念數學的提出一個聽起來很了不得的定理，大家都非常興奮。當他們告訴我這個定理的各項條件時，我便一邊構思符合這些條件的情況。當他們說到數學上的「集」時，我便想到一個球，兩個不相容的集便是兩個球。然後視情況而定，球可能具有不同的顏色、長出頭髮或發生其他千奇百怪的狀況。最後，當他們提出那寶貝定理時，我只要想到那跟我長滿頭髮的綠球不吻合時，便宣布：「不對！」

高手聽人講話時，會在頭腦中形塑一個東西：一提到緯度三十度，他就會想到氣流下沉；一談到河階，他腦中就跳出形成河階的四個條件，高手會不斷調整和補充腦中的邏輯架構。你講完了，他就會發現敘述似乎不太合邏輯，哪裡看似還沒觀察，哪裡應該還可以往外延伸，哪裡又可以和他熟悉的事物連接起來，他還可能發現和另一件事物的底層邏輯很像，高手眼中總能發現許多問題。

要具備這樣的能力，不但要事先就已經知道很多基礎知識，而且必須非常熟悉各個知識點間的結構和各部分的連接關係，運用類比和聯想，總能從觀察到的現象中，看出「特別」之處。有時候別人提一個問題，你一聽覺得很有道理，之所以能產生共鳴，說明你對那些模型有著一定理解。舉例來說，錢塘潮是個著名的自然奇景，形成原因之一就是杭州灣的喇叭狀地形。二〇一一年三月十一日，大地震所引發的海嘯重創了日本沿岸許多城市，其中陸前高田市受創極為嚴重，該地的沿岸地形恰好就是一個形如喇叭狀的海灣，當眾人還不解為何海嘯浪高竟然達到三十三公尺時，對已經理解海嘯成因和海嘯浪高形成邏輯的專業人士而言（若是也明白錢塘潮奇景的機理），很快就能在腦中形成理解海嘯超高的脈絡。

不能輕忽的田野調查

地理學既然要與人相關，研究方法自然會偏向社會研究。社會研究是有目的地對各種社會現象和人類各種社會行為進行科學研究的方式和手段。包括調查研究法（survey research）、田野調查法（field work）、實驗法（experiment study）、文獻法（documentary study）等，其中調查研究法和田野調查法是社會研究中最主要的方法。

國際上研究者除了使用各種統計技術外，田野調查法仍被大量使用，而且愈來愈注重定性研究在社會研究中的作用，並試圖把量化研究與定性研究結合起來。在臺灣，若要建立既具有本土色彩，又有一定普遍性的社會學理論，還需要透過大量的實地田野調查積累資料，再經過歸納、抽象，概括出對社會事實具有解釋和預測能力的理論。建立地理學理論的志向遠大，而讓遠大志向能接近目標的重要手段與方法，田野調查法顯然絕對不可少。

在人類學家的眼裡，絕對不能繞開文化因素，文化對地理學家來說也很重要。其實所有的人文社會科學，都可以說是研究文化。人類學家在十九世紀中期提出了對文化的定義：文化是一群人透過學習，對其所作所為和每件事物的意義所共有的認識。簡單來說，就是透過學習建立共有的認知。

例如，加拿大紐芬蘭的漁民去別人家作客從來不走前門，進廚房後門也不敲門，而是推門就進去。因為當地民俗認為死亡和麻煩是從前門而來，只有警察和殯儀館的人才走前門，而且傳說只有孤魂野鬼才敲門，所以敲門反而是種騷擾；若是年輕夫婦的房子，要緊貼著丈夫的父親或哥哥的房子。這可不是出於中國傳統的家庭倫理觀念，而是基於他們的生產組織方式。紐芬蘭漁民在星期日絕對不工作，因為多數是虔誠的基督徒，而《聖經》對工作日和安息日做了區分，他們相信在安息日這天勞動，另外六天就會沒有精神而無法勤奮工作；星期日不工作不是因為懶惰，恰恰是因為相信人必須勤奮工作，才嚴格遵守休息日不工作的規則。他們吃各種海產，唯獨不吃鰩魚和狗鯊，因為他們的記憶裡，這兩種魚是拿去餵狗的狗糧，人是不吃的。就算現在鰩魚價錢很高，但狗糧的印象在他們的群體記憶裡依然深刻，導致捕到狗鯊後還是會隨手扔回海裡。以上這些對紐芬蘭漁民認知的理解，都是透過人類學家的田野調查，我們才能清楚了解。

你應該看過幾十年前一幅獲得普利茲攝影獎的著名照片《饑餓的蘇丹》(*The vulture and the little girl*)：一隻禿鷲停在路邊，等著吃一個快要餓死的非洲難民小女孩。這幅照片非常令人震撼，獲獎後，大眾開始指責這名南非攝影師：為什麼當時只拍照而沒有伸手援助？這幅照片讓攝影師一夜成名，卻也讓他因為不堪精神重負而自殺了。有位研究委內瑞拉原住民的人類學家，因為當地爆發麻疹，就為他們聯繫接種了疫苗。隨後，有調查記者寫書指責他，沒有得到當地人的知情和同意，而且等於間接助長了流行病蔓延。到底該不該干預，學者一直爭論不休，從大原則上來說，不能以自己較優越的態度去干預，但也不能對會傷害人的生存的現象置之不理。

社會科學的科學性

在地理學研究中，研究者是否能夠運用科學的理論、方法和技術，秉持客觀的立場觀察事物，對於能否獲得對社會現象的正確認識，絕對是至關重要的。所以把五十元硬幣放在某處會帶來財運的說法，根本經不起驗證，當然是不科學的。

地理研究方法的科學性就是在一定的理論指導下，用科學方法進行調查研究。社會學理論對具體問題的解釋，都有其合理性和局限性。例如十九世紀各國感到人口過剩是一個客觀事實，馬爾薩斯 (Thomas Robert Malthus) 對當時的人口問題提出了一個理論，認為世界存在著人口增長的自然規律，即人口是按幾何級數增長，糧食是按算術級數增長，人類若不節制生育，社會、自然的外在力量將會以自己的方式保持人口數量和生存資源的平衡。以現在的觀點來看，馬爾薩斯顯然無法料到，醫療衛生的進步使嬰兒死亡率下降，促成婦女生育率下降。因為既然嬰兒能高機率存活，婦女就沒必要生育這麼多嬰兒。他顯然也無法想到，科技的力量能讓糧食生產倍增，例如工業革命前，全世界的人口僅六．七億，而現今人口達到七十五億，這是如何餵養的？在同一顆地球的土地，加上化肥、農藥、基因改良等科技力量來支持。

誠實地說，社會科學理論還未達到成熟階段，許多社會學的研究採用的是歸納法。古書《麻衣相法》的內容也是古時候的有心人，將大量乞丐的觀人心得整理後，所歸納的統計結果。就算社會學採用演繹與歸納相結合的方法，大多也停留在經驗演繹階段，還無法像自然科學般達到高度抽象的理論演繹。所以《麻衣相法》的內容就不能直接套用在外國人身上，也就是說，社會科學理論還不具有普遍性的特點，不同社會科學理論儘管在方法論上對經驗研究具有指導意義，但如果依照某一個社會學理論去研究一個特定社會，只能做生硬的「驗證性」研究，無法解釋特定社會正在發生的變化。因為，任何社會科學理論大多數是在特定社會、特定歷史背景的基礎上所產生。

隨著人類文明的演進，各種現在能猜想得到的未來，在未來都不會發生；未來會發生的，如今的我們都想不到。4G即將出現前，世人頂多想到可以順利地在線上觀看影片，根本想不到4G出現後，改變世界最深遠的會是移動線上支付。世界之事有變與不變，既然「變」的部分猜不到，我們何不聚焦在「不變」的部分。地理學的探究，其中不變的是必須在調查研究的基礎上，透過對資料的分析與綜合，證實或證偽原有的理論假設，在長期反覆進行下，或許有朝一日能推展出新的理論。

訓練科學客觀性

自然科學的研究，研究者比較容易保持客觀性，科學家容易建立系統性的測量指標和科學評價體系，從而發現其中的「偽科學」。但是社會是由人所組成，人具有主觀意志，社會行為除了具備理性，還有非理性的一面。理性行為和非理性行為會相互影響，例如經濟學，在行為經濟學的觀點下，奠基於人是理性動物的經濟學，其經濟預測經常出現錯誤。

各種偽科學在社會上非常盛行，例如算命、風水、占星術和靈魂出竅，人們有時會認為這是一種找樂子、找安慰的方式，無傷大雅。但是，別忘了在這個過程中所必須付出的「機會成本」。若是花時間做一件偽科學的事，就會失去把時間花在其他事情上的機會；如果做這件事還必須花錢，就失去了把錢花在其他地方的機會。偽科學盛行對社會的危害，恐怕還超出了機會成本的範疇，因為偽科學甚至會影響一個人的行為。例如，大量的科學證據表明含氟的水可以顯著減少蛀牙，根據美國疾病控制中心 (Centers for Disease Control) 估算，在含氟水上每花費一美元，就能節省三十八美元的牙科治療費用。但是，三分之一的美國人堅信偽科學的陰謀論，認為氟有很多害處，因此寧願喝無氟的水。

進行地理探究的過程中，必須留意相關性與因果性的處理。例如研究男藝術家的長相，經常發現他們很多都留長頭髮，可以說長頭髮和藝術氣質間存在著相關性，但不能說有因果性；長頭髮和藝術性間可能存在第三個隱性的因素，就是在一個比較保守的社會裡，只有比較特立獨行的人才會留長頭髮，而特立獨行又恰好是藝術家的特徵之一。所以不是留長頭髮導致藝術性，而隱形的「特立獨行」造就了藝術性。

再舉一個例子，有人昨天晚上把房子賣掉，賺了一千萬元。這一千萬元看上去是他決定、宣布的價格，但實際上只不過是向市場彙報房子在當時、當地的實際市場價格，他不是價格的決定者，只不過是價格的彙報者。就像聽到電視臺的天氣預報，向觀眾報告明天的天氣，你不會認為這是氣象主播的決定，他只不過是彙整許多資料後，向觀眾彙報了氣象。

現代社會是一個異質性較高的社會，重複出現的社會現象，背後原因也可能不一樣。人很容易根據常識、直覺判斷事物，然而，常識的矛盾在於既能幫助我們理解世界，也會削弱我們的理解能力。無論是社會學家還是地理學家，都要學習正確地質疑自己的直覺，了解事物如何運作，必要時拋掉舊有的想法和觀念。切記不能只透過了解幾個案例，就幻想能夠了解類似事件的全部。透過大量樣本研究獲得的結論，僅是在「機率」上做出判斷。任何現象的研究，只要異質性愈高、不確定因素愈多，「客觀性」或可靠性就愈低。

社會科學研究者也是社會中的一員，在社會研究中，研究者和被研究者共處於同一個社會，在研究過程中，存在著直接或間接的互動。當研究者對自己的同類做研究時，不可能沒有喜怒哀樂，不可能沒有價值傾向。而且在長期的學習過程中，研究者所學到的知識，實際上已經內化為他的知識結構，形成較為固定的思維模式。這種思維模式決定了他只能用自己的方法和概念來觀察、分析所謂的客觀事實。因此從某種意義上說，在社會研究中，任何實證資料都很難說是「純客觀」，它與研究者的既有思維模式無法分開。所以，調查的事實和客觀存在的事實總是存在著一定差距，科學的社會研究方法只是盡可能地縮短差距。

地理眼的工具性

如果曾經被裸露在外的電線電到，下次再看到裸露的電線就會心生警覺，這種透過觀察、體驗所獲得的知識是常識的來源之一。常識的獲得不一定要親身觀察或體驗，有時經年累月的傳統習慣也會形成；還有一種就是具有權威的人士告訴你的知識，也容易形成常識。科學知識與常識有何不同呢？不同在於科學知識是運用科學方法對事物本質的認識。

哈佛大學前校長德里克．博克（Derek Bok）對美國大學教育進行反思時，把人的思維模式分成三個階段：第一階段叫「無知的確定期」，就是學到什麼就認為是千真萬確，最典型的是中學階段的教育；第二階段叫「有知的混亂期」，就是接觸許多學派和理論後，覺得似乎都有理，又不能掌握體系，很多大學生，甚至學者都停留在這個階段；第三階段是「批判性思維」，就是能夠透過取證、分析、推理的方式，做出理性判斷，這是思維真正成熟的階段。

研究地理現象最基本的要求，就是準確地描述地理現象的基本狀況，也就是去解釋、預測地理現象的基礎。解釋就是要說明發生和變化的原因，或者說明地理現象間的因果關係，而預測則是人們還想知道這種現象將會朝什麼方向發展。好的地理訓練塑造地理眼，而地理眼的工具性在於它是認識地理、研究地理的科學手段。若是少了科學手段的地理研究，往往會被認為是一種證明「常識」的研究。

歷史的地理樞紐

地理界有一位大名鼎鼎的前輩，就是英國牛津大學的地理學家麥金德 (Halford Mackinder)，他的著作《歷史的地理樞紐》(*The geographical pivot of history*) 在探討地理與政治關係，不但具有極高的學術含金量，甚至可以說，直接塑造了二十世紀初至今的世界格局；或者說，這本書解釋了世界如何成為今天這個樣子。此書的核心概念只有三個字——陸權論，也就是說，誰掌握陸地權力，誰就能掌控世界。麥金德在書中說：「誰控制了心臟地帶，誰就控制了世界島；而誰控制了世界島，誰就控制了世界。」此後，二戰德國的戰略部署、美蘇間的冷戰，以及如今美國重返亞太的政策走向，背後都受到陸權論的影響。

英國是一個海洋大國，為什麼麥金德會把注意力放在陸權上呢？他生於一八六一年，經歷了維多利亞時代、一戰和二戰，也見證了英國霸權從鼎盛到衰落的過程。這個過程中，英國的海上霸權受到陸地國家的挑戰，做為英國人，麥金德覺得，如果想要維持英國的海上霸權，就必須要把陸權的邏輯研究清楚。

這個讓英國感到威脅的陸地國家是誰呢？十九世紀有場持續一個世紀的爭奪稱為「大博弈」，是指英國和俄國以中亞的控制權為核心，持續進行了長達一個世紀的對抗。簡單來說，就是沙俄帝國想往南向的中亞進軍，而讓擁有印度的英國備感威脅；英國想把印度以北、以西、以東的國家和地區控制在手裡，企圖建立一個緩衝地帶對抗俄國。這個緩衝地帶包含現在的阿富汗、伊朗和西藏。直到一九一七年，英、俄雙方都認為國力耗損太過巨大，於是把緩衝地帶的土地分一分（這是大國的專屬特權），百年「大博弈」宣告結束。

這場大博弈裡，其實俄國和英國都有賺頭（只有緩衝區的人倒楣），但號稱世界霸主、日不落帝國的英國，卻開始感受到來自陸地強國力量的挑戰。英國理解到只靠擅長的海上力量，面對陸上勢力時，在許多地方總是力有未逮。在這個背景下，英國明白得先搞清楚陸地力量崛起的底層邏輯是什麼，於是乎麥金德的陸權論橫空出世。

過去大家的認知裡，都認為只有海洋國家才能稱霸世界，為什麼呢？首先，海洋無險可守，也無路可退，一旦在海洋上爆發戰爭，幾乎就是殲滅戰（例如中途島海戰），所以只要海軍力量足夠強大，很快的就能稱霸海上；反過來說，要丟掉海上霸權也可以很快（例如西班牙的無敵艦隊）。其次，當一個國家的海軍稱霸天下時，就意味著可以掌控海上的貿易秩序，而掌握世界貿易的秩序，就主導了世界秩序。所以，稱霸海洋就意味著稱霸世界。可是，陸地強國情況就不一樣了，陸地強國隨時都要準備好面對鄰國的壓力，大量資源必須發展陸軍，相對的，海軍經費必然捉襟見肘（例如二戰日本的陸、海軍之爭），也就難以稱霸世界。

麥金德認為，人類所需資源幾乎都在世界島，如果掌控了世界島，就等於掌控了壓倒性優勢的大量資源，不用透過海洋也能形成龐大的市場和經濟。過去做不到是技術問題，在蒸汽機和鐵路時代，陸地國家完全可以從心臟地帶出發，而一統江湖。麥金德口中不斷提到世界島，到底什麼是世界島？哪裡又是心臟地帶呢？「世界島」指的是亞、歐、非三大洲，而心臟地帶就位於世界島中心，大約就是現在的西伯利亞、蒙古高原、中國西北部、哈薩克、烏茲別克、吉爾吉斯等地區。然而，這些地區真的有崛起的可能嗎？

西元五世紀中期，羅馬已經分裂為東、西羅馬帝國，人稱「上帝之鞭」的著名匈奴首領阿提拉，先對東羅馬帝國發動進攻，接著又摧毀西羅馬帝國的統治力量，最終導致西羅馬帝國崩潰。到了十三世紀，類似狀況再次發生，只是拿鞭子的人換成蒙古人。歷史上征服歐亞大陸的游牧民族並不少見，他們都是從「心臟地帶」起家。更何況從十九世紀後期開始，俄國便開始用力修建西伯利亞大鐵路，試圖橫貫俄國東西，進而把中亞和東歐打通。既然歷史上有前車之鑑，英國擔心俄國會透過控制「心臟地帶」而稱霸世界。不過麥金德的陸權論並未立刻被英國重視，反而是被德國吸收。納粹德國選擇進攻蘇聯，除了要搶下烏克蘭的糧食外，另外的目的就是為了控制「心臟地帶」。

二戰結束後，美國地緣政治學家斯皮克曼 (Nicholas J. Spykman) 以心臟地帶理論為基礎，提出了「邊緣地帶理論」，認為歐亞大陸東西兩端的邊緣地帶更加重要，如果能用邊緣地帶包圍心臟地帶，就可以占領心臟地帶。冷戰期間，美國與歐洲結盟，和中國恢復邦交，目的是為了圍堵蘇聯。中國近年崛起，美國重返亞太，拉攏韓國、日本、緬甸、越南，出手臺灣牌，這些種種戰略思維，都是受到陸權論和邊緣地帶論的影響。

不過當美國總統歐巴馬在二〇〇八年提出「重返亞太」的口號時，其實那是政治語言，因為美軍的力量什麼時候離開過亞太？他們一直都在呀！而且當時美軍在亞太仍然具有絕對優勢，何來重返之說呢！可是原本的政治語言到了今天卻變成可能的事實，印太司令部司令

（原美國太平洋司令部）戴維森 (Philip S. Davidson) 在二〇二〇年美國國會的專題報告題目為「重新獲取美軍在印度太平洋的優勢」，特別閃亮的關鍵詞在「重新」二字，言下之意，現在美軍在印太地區已經不具絕對優勢了嗎？也許有人會認為他只是為了向國會要錢才故意這麼說，但看看美國海軍研究中心提出的數據，美軍似乎真的不太妙。在亞太地區，中國與美軍對比，中國船艦數量比美國多出四十九艘，而美國船艦總噸數比中國多了一百一十萬噸，多出來的主要是航空母艦的噸位，但中國的航空母艦生產速度驚人，這個優勢顯然時效在縮短。更讓美軍掛心的是東風－17高超音速彈道飛彈（飛行過程中還能關機匿蹤），以及有航母殺手之稱的東風21D，還有轟－6K轟炸機搭配著長劍－20空射巡弋飛彈（可以打到關島）。航母殺手的名號聽起來好像可以把航母給擊沉，實際上並非如此，東風21D主要不是擊沉航母，而是價值交換，一發東風21D值二千萬美元，一架停在航母上的 F/A-18 大黃蜂式戰鬥攻擊機值一億美金（人命無價），這筆生意划算呀！因此美軍向國會要來的經費，包括改良關島的雷達系統，縮小關島基地的規模，以利於分散，這些措施屬於守勢，這是頭一遭山姆大叔 (Uncle Sam) 在關島需要防守。所以邊緣地帶論的影響依舊，改變的是中美雙方的態勢。

更好地理解環境是解決各種問題的第一步；更好地理解鄰國與國際局勢，是找到全民最大利益的必備基礎。從小學階段開始培養兒童的地理想像力，可以讓他們形成一種世界觀，為中學教育打下基礎，也有助於成年後，當他們決定幫助這顆星球的未來時，可以發揮作用。若是地理教育失衡，甚至廢除地理教育，代價將會令人驚嘆。美國的哈佛大學就曾廢掉地理教育，接著其他主要大學也跟著效仿，結果蓋洛普諮詢公司在一九八九年做的一項調查顯示，有一四%的美國人在地圖上找不到美國在哪裡。你能想像連自己國家在哪都不知道的國民，會有什麼樣的國際觀呢？

國際大歷史協會主席、澳洲麥覺理大學的歷史學教授大衛・克里斯欽 (David Christian) 在《Big History大歷史：跨越一三〇億年時空，打破知識藩籬的時間旅圖》(*Maps of Time: An Introduction to Big History*) 問道：「歐洲為什麼能率先完成工業革命，產生爆炸式創新呢？」他認為有兩個原因，一個是歐洲和美洲的交通打通後，歐洲突然出現在世界交換體系的中心，交換愈多，創新就愈多，所以歐洲在地理上占到了便宜。另一方面，歐洲的社會制度和結構，恰好鼓勵交換和創新的發展。這兩個條件的綜合作用下，歐洲一下子就爆發了，成為推動世界進步的發動機。

承襲這個概念來看，臺灣應該努力把自己擺在一個「交換樞紐」的位置上，臺灣先天就擁有東亞島弧要點的地理優勢，若是能運用這個優勢，提出相應的政策、制度並與之配合，讓臺灣因「交換樞紐」而獲取各式各樣的思想碰撞，參與這些碰撞的過程之中，能更高機率地成就創新發展，這絕對是關照歷史前例、地理智慧的善舉。

LEARN 049

地理課沒教的事4：Google Earth 全功能實作【Level Up 版】

作　者—廖振順
主　編—邱憶伶
責任編輯—陳映儒
行銷企畫—陳毓雯
封面設計—兒日
內頁設計—張靜怡

編輯總監—蘇清霖
董 事 長—趙政岷
出 版 者—時報文化出版企業股份有限公司
一〇八〇一九臺北市和平西路三段二四〇號三樓
發行專線—（〇二）二三〇六—六八四二
讀者服務專線—〇八〇〇—二三一—七〇五
（〇二）二三〇四—七一〇三
讀者服務傳真—（〇二）二三〇四—六八五八
郵撥—一九三四四七二四時報文化出版公司
信箱—一〇八九九臺北華江橋郵局第九九號信箱

時報悅讀網—http://www.readingtimes.com.tw
電子郵件信箱—newstudy@readingtimes.com.tw
時報出版愛讀者粉絲團—https://www.facebook.com/readingtimes.2
法律顧問—理律法律事務所　陳長文律師、李念祖律師
印　刷—詠豐印刷有限公司
初版一刷—二〇二〇年六月五日
定　價—新臺幣四四〇元
（缺頁或破損的書，請寄回更換）

時報文化出版公司成立於一九七五年，
一九九九年股票上櫃公開發行，二〇〇八年脫離中時集團非屬旺中，
以「尊重智慧與創意的文化事業」為信念。

地理課沒教的事4：Google Earth 全功能實作
【Level Up 版】／廖振順著 .
-- 初版 . -- 臺北市：時報文化 , 2020.06
192 面；19×21 公分 . --（Learn 系列；49）
ISBN 978-957-13-8215-9（平裝）

1. 世界地理

716　　　109006665

ISBN 978-957-13-8215-9
Printed in Taiwan